国际法与涉外法治文库

上海高水平高校（学科）建设项目资助
上海高水平地方高校创新团队"中国特色社会主义涉外法治体系研究"项目

中外 BIT 中公平公正待遇
条款改革路径研究

Research on Refining the Fair and Equitable
Treatment Clauses in China-foreign BITs

林燕萍　朱玥——著

上海人民出版社

目录
CONTENTS

导　言

　　自"一带一路"倡议提出以来,上海作为服务国家"一带一路"倡议的"桥头堡",成果卓越、前景广阔。无论是实际参与还是潜在影响方面,"一带一路"倡议都是上海未来经贸发展的重要增长点,具有极强潜力。

　　在过去5年中,上海几乎与所有"一带一路"有关国家建立了较为紧密的经贸关系,对"一带一路"有关国家投资量增长迅猛。对外投资已然成为上海对外经济活动的重要形式,但"走出去"将面临对外投资法律风险防范机制不成熟的挑战;在党中央作出共同推动建设开放型世界经济,反对保护主义,高质量共建"一带一路"的决策部署之下,上海进一步贯彻落实"上海扩大开放100条"行动方案,继续成为外商投资的首选地之一,但"引进来"将面临内部法律环境根基未稳的困境。

　　纵观近年来的国际投资仲裁实践,双边投资条约(Bilateral Investment Treaty,BIT)中的公平公正待遇条款(FET)是发生争端后投资者最常援引的、索赔成功率最高的依据。公平公正待遇条款在国际投资仲裁实践中扮演着十分重要的角色,被广泛地适用于评估东道国政府行为。

　　上海投资聚焦的"一带一路"有关国家(地区)是第二次世界大战(简称二战)以来冲突频发的区域,法律框架和商业环境均不甚稳定。在国际投资仲裁历史上,因东道国政府修订法律法规、改变货币政策或未能向投资者警示国内经济危机等原因,外国投资者以"违反公平公正待遇条款"为由将东道国政府诉至仲裁庭的案例并不少见。因此,应当完善对外投资风险防范机制,在深入研究现有涉FET国际投资仲裁案例的基础上早做准备。

此外，近 5 年来不少"一带一路"沿线国家围绕公平公正待遇条款在国际投资争端解决中心（The International Center for Settlement of Investment Disputes，ICSID）参与仲裁（例如巴基斯坦、哈萨克斯坦、波兰等国），并且被仲裁庭裁决违反公平公正待遇条款的不在少数。同样地，尽管截至目前中国没有因违反公平公正待遇条款在 ICSID 或其他国际仲裁庭被提请仲裁，但仍应注意正确把握中外 BIT 中的公平公正待遇条款并且予以完善，防范化解此类法律风险。

有鉴于此，科学合理地设计及灵活地适用 BIT 具体条款是在"走出去"和"引进来"过程中有效防范法律风险、摆脱现实困境的根本之道，也是对接"一带一路"沿线国家自由贸易协定谈判的重要一环。上海是中国改革开放的前沿和窗口，开放是上海的最大优势和重要特质。在不断扩大对外开放、积极参与"一带一路"建设过程中，需妥善协调处理各方利益关系，本书为上海参与推动共建"一带一路"高质量发展提供研究支撑。

第一章　BIT中公平公正待遇条款的主要模式

第一节　公平公正待遇条款的内涵[①]

一、界定公平公正待遇内涵

我们先从公平公正待遇的产生背景及字面含义入手。公平公正待遇最早可以追溯到1948年世界贸易组织制定的《哈瓦那宪章》。《哈瓦那宪章》第11（2）（a）条（i）项规定："世界贸易组织与其他国家间政府性组织一道，建议各国在双边或多边投资协定中纳入公平公正待遇条款，确保一成员国进入另一成员国的企业、技术、资本、工艺以及科技能够受到公平公正待遇。"随后，美国与他国签订的友好通商航海条约包含要求缔约国给予投资者公平公正待遇的条款。

到20世纪50年代，公平公正待遇因Hermann Abs与Shawcross勋爵起草的《境外投资公约草案》以及经济合作与发展组织（Organization for Economic Co-operation and Development，OECD）起草的《保护外国人财产公约草案》得到真正的推广，大量双边投资条约（Bilateral Investment Treaty，BIT）纳入了公平公正待遇标准。

OECD《保护外国人财产公约草案》中规定："公平公正待遇条款是

[①] 林燕萍、朱玥：《论国际投资协定中的公平公正待遇——以国际投资仲裁实践为视角》，《上海对外经贸大学学报》2020年第3期。

BITs 的惯例性规定，表明了国际法为各国设定的在保护外国人财产方面的标准……这一标准在效果上应与习惯国际法下最低标准相符。"可见最初的公平公正待遇与国际最低待遇标准颇有渊源。

公平（fairness）[①]一词在布莱克法律词典（Black Law Dictionary）中的意思是以平等或合理的方式对待他人。[②]那么，公平待遇一般是指在各当事人之间达到平等的效果。[③]在国际投资领域，对公平的理解大致有三种：给予外国投资者不低于本国国民的待遇；给予外国投资者不低于国际法规定的待遇；依具体情况判定公平的标准。自然法学者倾向于第三种理解，因为他们认为公平一词的具体内涵是由社会条件决定的，它随着社会的演进而发展，并且与宗教、政治、哲学等因素紧密相关。公平的重要特征是"演进性"（evolutionary）。

公正（equity）[④]一词在布莱克法律词典中的意思是包含公平和正义的一项原则，是不可剥夺的权利，这一概念反映了衡平法对《独立宣言》的影响。[⑤]从大众角度来看，公正一词实际上等于自然公正。自然公正无法被司法强制执行，而是依赖于每个人的良知。《国际法院规约》第 38 条第 2款规定，法院经当事国同意可以根据"公允善良"（ex aequo et bono）原则裁判案件。同样地，《关于解决国家和他国国民之间投资争端公约》（Convention on the Settlement of Investment Disputes between States and Nationals of Other States，简称《ICSID 公约》）第 42 条第 3 款规定，在当事方同意的情况下，仲裁庭可以依据"公允善良"原则解决争端。这就要求仲裁员公正地适用法律，避免出现不合理的结果。

自 20 世纪 60 年代以来，除了北美自由贸易协定（North American Free Trade Agreement，NAFTA）第 1105 条之外，大多数 BITs 再没有明

---

① 中外 BITs 文本均将 Fair and Equitable Treatment 翻译为公平公正待遇，故此处公平对应 Fairness。

②⑤ Bryan A. Garner, Black's Law Dictionary, Thomson West, 2014.

③ 肖威：《国际投资法中的"公平公正待遇"内涵解读》，《金陵法律评论》2013 年秋季卷。

④ 中外 BITs 文本均将 Fair and Equitable Treatment 翻译为公平公正待遇，故此处公正对应 Equity。

确地将公平公正待遇与国际最低待遇标准相联系。从中可以窥见，当时各国出于对投资者保护的重视，开始主张将公平公正待遇与国际最低待遇标准分离开来，摆脱国际最低待遇标准的"束缚"，逐渐将其作为一项独立自主的外资待遇标准纳入投资协定文本中。①这个变化很重要，也标志着公平公正待遇在新的历史条件下的发展。鉴于此，仍有仲裁庭将公平公正待遇与国际最低待遇标准相联系，此种无视缔约双方的真实意愿，任意解释公平公正待遇的做法是不妥的。

　　申言之，《维也纳条约法公约》第 31、32 条明确规定了条约的解释方法，并且此种解释方法已成为习惯国际法规则。②那么，在条约没有对公平公正待遇作出解释时，应当依据条约上下文并参照条约的目的和宗旨，善意解释公平公正待遇的通常含义，而不是参考国际最低待遇标准，由此也支持了公平公正待遇是一项独立自主的标准的观点。

　　大量仲裁庭的实践也反映了这一点。例如，在 Vivendi 诉阿根廷案中，仲裁庭认为：将国际法原则等同于最低待遇标准是站不住脚的。首先，国际法原则的范围大于最低待遇标准，这意味着条约要求仲裁庭从广义上理解公平公正待遇；其次，条约的措辞无疑要求公平公正待遇符合国际法原则，这是条约设置的最高门槛；最后，条约要求我们着眼于当代的国际法原则，而不是只考虑一个世纪之前的原则。③在 Arif 诉摩尔多瓦案中，仲裁庭认为：《加拿大—摩尔多瓦 BIT》中未将公平公正待遇与国际法原则相联系，争议双方也未要求将公平公正待遇限制在国际最低待遇标准范围内；那么，由于仲裁实践的增多以及习惯国际法的不断发展，公平公正待遇除了在 NAFTA 的语境下有着特殊含义，在其他情况下应被理解为是一

---

　　① 刘笋：《论投资条约中的国际最低待遇标准》，《法商研究》2011 年第 6 期。

　　② Arbitral Award of 31 July 1989（Guinea-Bissau v. Senegal），Judgment，1991 I.C.J. 53，para.48.

　　③ Compañía de Aguas del Aconquija S.A. and Vivendi Universal S.A. v. Argentine Republic，ICSID Case No.ARB/97/3，Award，20 August 2007，para.7.4.7；See also Suez，Sociedad General de Aguas de Barcelona S.A. and Vivendi Universal S.A. v. Argentina，ICSID Case No.ARB/03/19，30 July 2010，para.185；Total SA v. Argentine Republic，ICSID Case No.ARB/04/1，27 December 2010，para.125—127.

项独立自主的标准。①在 SAUR 诉阿根廷案中，仲裁庭认为：自 Neer 案以来，关于外国人待遇的国际法原则已经发生了很大改变，不应再依据 Neer 案的标准去定义公平公正待遇。如今的公平公正待遇与 20 世纪所认为的公平公正待遇是不同的且范围更加广泛。②政府行为违反公平公正待遇标准不再需要达到蛮横、恶意的程度，必须具体问题具体分析，依据案件事实和综合各种情况判定政府行为是否违反公平公正待遇标准。

二、划定公平公正待遇外延

随着国际投资的蓬勃发展，外国投资者不再满足于享受国民待遇，开始要求更高程度的保护，尤其是东道国给予投资者的国民待遇低于国际平均水平，国际最低标准开始进入人们的视野。

国际最低待遇标准是习惯国际法中关于外国人待遇的一项规范，包含了国家在对待外国人及其财产时必须尊重的一系列最低待遇原则，而不论国家的国内立法和实践如何。国际最低待遇标准还要求东道国必须给予外国人依国际法设定的、独立于本国国民的待遇。东道国若违反该项规范将承担国家责任。③

学者在定义国际最低待遇标准时，也都明确指出国际最低待遇标准不同于国民待遇。伊恩·布朗利（Ian Brownlie）指出法学界反对将国际最低待遇标准等同于国民待遇，国际最低待遇标准是文明各国的道德标准。④卢梭（Rousseau）认为在外国人待遇方面的确存在国际最低待遇标准。任何国家都应该给予外国人受到此种标准待遇的权利，即使该国拒绝给予本国

---

① Franck Charles Arif v. Republic of Moldova, ICSID Case No. ARB/11/23, Award, 8 April 2013, para.529.

② SAUR International S.A. v. Argentine Republic, ICSID Case No. ARB/04/4, 6 June 2012, para.491.

③ OECD, Fair and Equitable Standard in International Law, Working Papers on International Investment, No.2004/3, September 2004.

④ Ian Brownlie, *Principle of International Law*, Oxford University Press, 2003.

国民此种待遇。①

1926 年 Neer 案②是最早涉及国际最低待遇标准的案件之一，详述了违反国际最低待遇标准的门槛。美国认为墨西哥当局没有逮捕和惩处杀害 Neer 的凶手的行为构成"拒绝司法"，违反国际法。美墨普通诉求委员会认为："政府行为的适当性应经由国际标准考量。如果一国政府的行为已经达到暴行、恶意、故意漠视的程度，或者一个理性且公正的第三人认为该政府行为是无法容忍的，那么该政府行为违反了国际最低待遇标准。"③

同样在 1926 年发生的 Roberts 案④，美墨普通诉求委员会在确定外国人是否真正受到虐待时认为："给予外国人和本国人相同的待遇是一个重要的标准。但这并不是对国际法下政府行为是否适当的最终考察。最终标准概括来说，应是给予外国人的待遇符合文明各国的普遍标准。"⑤

从上述两个案子可以看出，最初关于国际最低待遇标准的案例都是关于外国人待遇问题，特别是人身安全保护，因此在此后的一段时间里，国际最低待遇标准通常被理解为包含了拒绝司法理论、对外国人造成损害的国家责任等内容的法律概念。⑥东道国违反国际最低待遇标准，进而承担国家责任的门槛也极高。此外，美墨普通诉求委员会不加掩饰地指出国际最低待遇标准是文明国家的普遍标准。可见国际最低待遇标准的背后流露着殖民主义时期，殖民地国家所谓的文明国家价值观的"优越感"，他们不信任第三世界国家能够对本国国民给予充分的保护。因此，第三世界国家

---

① Charles Rousseau, *Droit International Public*, Dalloz, 1973.

② Neer, 美国公民，在墨西哥被杀害。但是墨西哥当局没有逮捕和惩处凶手。Neer 的遗孀和女儿认为，墨西哥当局没有对 Neer 的死亡进行适当的调查和尽力的追诉。美国方面代表 Neer 家庭向墨西哥政府索赔。

③ L.F.H. Neer v. United Mexican States, (1926) IV RIAA 60, p.65.

④ Harry Roberts, 美国公民，被关押在墨西哥监狱期间受到了残酷、不人道的对待。美国方面代表其向墨西哥政府索赔。

⑤ United Nations, Harry Roberts (U.S.A.) v. United Mexican States, (1926) IV RIAA 77, p.80.

⑥ UNCTAD, Fair and Equitable Treatment, UNCTAD Series on Issues in International Investment Agreements II, 2012.

强烈抵制国际最低待遇标准，关于国际最低待遇标准的争论也从未停止，以至于国际最低待遇标准的具体内容十分抽象。

我们知道，第二次世界大战结束之后，去殖民化浪潮改变了世界的格局。在国际投资体系建立的过程中，鉴于国际最低待遇标准内容尚不明确，也为了让发展中国家能够接受发达国家提出的主张，发达国家试图用公平公正待遇标准替代国际最低待遇标准，一来新的措辞可以有效淡化分歧，避免谈判陷入僵局；二来引入公平公正待遇实质上扩大了保护范围，提高了保护程度。①国际最低待遇标准改头换面，向公平公正待遇标准发生嬗变。这一变化同样值得我们关注。

在晚近的实践中，较早对国际最低待遇标准有理性的界定，并且将公平公正待遇标准与最低待遇标准相结合的是 NAFTA。NAFTA 第 1105 条第 1 款，其标题为"国际最低待遇标准"，其规定："每一缔约方应给予另一缔约方投资者的投资以符合国际法的待遇，包括公平公正待遇以及充分的保护与安全。"

可惜，生效后的 NAFTA 第 1105 条存在诸多模糊之处，例如：公平公正待遇的具体内涵仍然不明确，符合国际法是指符合习惯国际法还是普遍意义上的国际法，充分保护的界定标准又是什么，等等。模糊的条款规定所带来的负面影响也很快体现在后续的仲裁实践中。在 Myers 诉加拿大案中，仲裁庭认为："国际最低待遇标准是一个门槛，公平公正待遇不应低于这个门槛。NAFTA 第 1105 条所表达的是一个整体性概念，公平公正待遇必须与国际最低待遇标准相联系。只有当投资者遭受的不公正、专断的待遇在国际视野下是不可接受的时候，才可以认定政府行为违反了 NAFTA 第 1105 条。"②在 Pope & Talbot 诉加拿大案中，仲裁庭认为："必须确保 NAFTA 第 1105 条中的'公平要素'没有任何适用门槛，即无

---

① Ioana Tudor, *The Fair and Equitable Treatment Standard in the International Law of Foreign Investment*, Oxford University Press, 2008.

② S.D. Myers Inc. v. Canada, UNCITRAL, First Partial Award, 13 November 2000, paras. 262—263.

须考察国际最低待遇标准。"①可见，仲裁庭对于 NAFTA 第 1105 条的理解存在明显分歧。

鉴于此，NAFTA 自由贸易委员会（Free Trade Commission，FEC）于 2001 年 7 月 31 日对 NAFTA 第 1105 条第 1 款作出解释：（1）投资者享有的最低待遇是指在习惯国际法下的最低待遇；（2）针对公平公正待遇以及充分保护与安全，东道国不需要提供国际最低待遇标准之外的或额外的待遇；（3）违反 NAFTA 的其他条款不构成对国际最低待遇标准的违反。至此，可以清晰地看出 NAFTA 第 1105 条将公平公正待遇与国际最低待遇标准联系在了一起，用国际最低待遇标准来限定公平公正待遇，以限制仲裁庭对公平公正待遇进行扩大解释。

此时仲裁庭的目光再次被拉回到有关国际最低待遇标准的实践起点——Neer 案，但是从 NAFTA 下的仲裁庭实践来看，这似乎没能达到预期效果。多数仲裁庭认为 Neer 案并未反映当代国际社会的最低待遇标准。在 Mondev 诉美国案中，仲裁庭认为："现代国际最低待遇标准的内容不能只局限于 20 世纪 20 年代仲裁实践所认定的习惯国际法。"②在 ADF 诉美国案中，仲裁庭认为："无论是习惯国际法，还是其范围内的国际最低待遇标准都不是静止的，都在不断发展。"③在 Thunderbird 诉墨西哥案中，仲裁庭认为："自 Neer 案之后习惯国际法不断演变，所以不应该僵硬地解释最低待遇标准，而应该反映出习惯国际法的特征。"④在 Glamis Gold 诉美国案中，仲裁庭对 Neer 案确立的习惯国际法下的最低待遇标准提出质疑，并且指出 "NAFTA 成员国（至少有加拿大和墨西哥）已经就 Neer 案标准

---

① Pope & Talbot Inc. v. Government of Canada, UNCITRAL, Award on the Merits of Phase 2, 10 April 2001, para.111.

② Mondev International Ltd. v. United States, ICSID Case No.ARB（AF）/99/2, Award, 11 October 2002, para.123.

③ ADF Group Inc. v. United States, ICSID Case No.ARB（AF）/00/1, Award, 9 January 2003, para.179.

④ International Thunderbird Gaming Corporation v. The United Mexican States, UNCITRAL, Award, 26 January 2006, para.194.

不再适用达成共识。但是必须由申请人承担证明责任,证明国际最低待遇标准的内涵已经发生了变化"。①

可见,多数仲裁庭认为国际最低待遇标准不是停滞不前的,它已经随着时间的推移而发生了演进,但仲裁庭都未能对新标准的具体内容达成一致意见。这也必然会导致依赖国际最低待遇标准解释公平公正待遇,仍然无法明晰公平公正待遇的内容。在仲裁庭拥有较大自由裁量权的情况下,投资者胜诉率上升,东道国根本利益无法得到保障。

第二节　公平公正待遇的鼓励式定义

一、规定公平公正待遇时与国际法既有待遇原则相联系

1999 年《中国—巴林 BIT》第 3 条第 2 款规定:"本条第 1 款所述的待遇和保护不应低于其给予任何第三国投资者的相同投资及与投资有关的相同活动的待遇和保护。"2001 年《孟加拉国—伊朗 BIT》规定:"缔约一方在缔约另一方境内应当得到不低于该国给予其本国投资者或者任何第三方投资的公平的待遇。"

有的协定则将公平公正待遇与国际最低待遇标准相联系。例如 NAFTA 第 1105 条直接规定了"最低待遇标准"条款:"任何一方应当给予另一缔约方投资者的投资以符合国际法的待遇,包括公平公正待遇和充分的保护与安全。"其后,FTC 对该条的解释也更加明确地限定了投资者所享有的最低待遇标准就是习惯国际法上的外国人最低待遇标准。2004 年,美国 BIT 范本第 5 条第 2 款规定:第 1 款规定的给予覆盖投资的国际最低待遇即为习惯法给予外国人的国际最低待遇。公平公正待遇不要求缔约国给予投资者最低待遇之外的待遇,也不得创设新的实体权利。

如果说前述规定"符合国际法""依据国际法"的概念界定方式为仲

---

① Glamis Gold Ltd. v. United States, UNCITRAL, Award, 8 June 2009, paras.600—601.

裁庭解释公平公正待遇条款点明了方向的话，那么直接将该条款与国民待遇、最惠国待遇以及国际最低待遇标准相联系，无疑是为公平公正待遇条款的解释铺设了制度道路。对公平公正待遇内涵的理解可以借由这些现有国际法原则加以延伸，解释起来也更为具体和高效，因而对公平公正待遇条款的限制也更进一步得到加强。

二、规定公平公正待遇时与东道国国内法相联系

1997 年《加勒比共同体—古巴 BIT》规定："缔约一方应当根据国内的法律和法规给予另一方投资者的投资以公平公正待遇。"

采取这种界定模式的投资协定数量并不多，究其根本是因为东道国法律受东道国的国内政治环境的影响。虽然在投资双方签订投资协定时，投资者需要对东道国的政治、经济和法律等国内环境进行考察，东道国也有义务对本国的法律框架和政策法规进行披露，但将公平公正待遇条款的内涵解释直接与东道国国内法相联系，无疑限缩了概念界定的视野，同时国内法律法规涉及一国内政。

三、规定公平公正待遇的具体义务内容

2005 年《中国—马达加斯加 BIT》第 3 条第 2 款规定："公正和公平待遇在法律或者事实上的障碍主要系指，但不限于：各种对生产和经营手段进行限制的不平等待遇，各种对产品在国内外销售进行限制的不平等待遇，以及其他具有类似效果的措施。"2011 年《中国—乌兹别克斯坦 BIT》第 5 条第 2 款规定："'公正与公平待遇'要求缔约一方不得对另一缔约方投资者粗暴地拒绝公正审理，或实行明显的歧视性或专断性措施。"

这种在投资协定中具体细化规定公平公正待遇条款的内容无疑是上述所有界定方式中最为具体的一种。这种表述将公平公正待遇条款封闭地限制为"不得粗暴地拒绝公正审理""不得实行明显的歧视性措施""不得实行明显的专断性措施"这三个要素。通过这种明确列举条款内涵要素的方

式可以最大限度将公平公正待遇这一抽象的待遇标准具体化。一旦发生纠纷，争议双方仅需要比照协定所列举的具体要素，逐一比对。仲裁庭审理案件的过程中，也仅需要对每一个要素依次进行判断，其自由裁量权被明确的条约文本所限制。但是，精确性带来的弊端也是显而易见的。国际发展环境日新月异，国际投资领域的外资待遇也并非一成不变。尤其公平公正待遇具有演进性的特点[1]，如果赋予其精确的、清晰可辨的具体内涵要素，将无法适应快速发展和变化的投资环境，进而无法在具体的案件中灵活运用而最大限度保护投资利益。目前，这种定义界定方式较为少见。

四、公平公正待遇鼓励式定义的利弊

这类界定方式会对公平公正待遇条款的内涵进行一定程度的限制，以使其内涵更为具体，防止仲裁庭在解释条款时的权力肆意扩张。这种界定方式最大的好处在于避免了因为公平公正待遇条款的内涵不确定性带来的条款本身扩张性解释、投资者投机滥诉以及仲裁庭干涉东道国国内正常的事务管理权力等问题的发生。但鼓励式定义方式在实践中也面临一些问题，即借助其他原则、列举具体要素或者联系国内法进行规定的方式很难把握参考因素与条款本身内涵之间的参照限度。如何平衡援引的各项原则、待遇或国内法与公平公正待遇条款具体内涵要素之间的关系尤为重要。

第三节　公平公正待遇的开放式定义

一、规定公平公正待遇为一项独立的待遇标准

1983 年《中国—德国 BIT》第 2 条、第 3 条规定："缔约一方应鼓励

---

[1]　林燕萍、朱玥：《论国际投资协定中的公平公正待遇——以国际投资仲裁实践为视角》，《上海对外经贸大学学报》2020 年第 3 期。

缔约另一方的投资者在其境内的投资，并依照其法律和法规接受此种投资。""缔约一方的投资者在缔约另一方的境内的投资应始终享受公平与公正的待遇。"1991 年《捷克斯洛伐克　荷兰 BIT》规定："任何一方应当确保给予另一方投资者的投资以公平公正待遇。"2009 年《比利时卢森堡—塔吉克斯坦 BIT》第 3 条规定："任何一个缔约成员方的投资者的所有投资，在另一缔约成员方境内都应该享有公平公正待遇。"2009 年《中国—瑞士 BIT》第 4 条也规定："任何一个缔约方的投资者的投资在另一成员方国家境内，在任何时候都应该享有公平公正待遇，以及充分的安全和保护。"

这种将公平公正待遇视为独立标准进行界定的做法属于开放式定义。将它作为独立标准可以给予仲裁庭一定的自由裁量权，在实践中仲裁员裁决相关案件时可以根据自己的理解及案件情况作出不同解释，有利于实现个案正义。

二、规定公平公正待遇应以国际法为依据

1991 年《阿根廷—法国 BIT》规定："根据国际法的原则给予另一方投资者的投资以公平公正待遇。"1998 年经济合作组织《多边投资协定草案》规定："各方应给予其境内的外国投资以公平与公正的待遇和充分与持续的保护与安全。缔约方应在任何情况下给予不低于国际法所要求的待遇。"1999 年《巴林—美国 BIT》规定："缔约方应当在任何时候给予来自本协定涵盖的投资以公平公正待遇……任何情况下不能低于国际法的要求。"2004 年《克罗地亚—阿曼 BIT》第 3 条规定："任何一个缔约方的投资者的投资或者其投资回报，在另一缔约方境内都应该享有符合国际法以及本协定的公平公正待遇。"2007 年《中国—法国 BIT》第 3 条规定："任一缔约方应当根据普遍接受的国际法原则给予另一缔约方的投资者在其境内或海域内的投资以公平和公正待遇。"

虽然这种界定方式也仅对公平公正待遇作出了概括性的规定，给予仲

裁员较大的裁量空间，但新增了国际法原则作为参考，属于双边投资协定缔约方对公平公正待遇条款概念进行合理限缩的一种尝试。一旦投资双方发生争议，仲裁员可以参考国际法原则或者习惯国际法规则来解释公平公正待遇条款，有助于限制仲裁员对该条款的任意扩大解释，进一步明确其内涵。

三、公平公正待遇开放式定义的利弊

开放式定义模式仅笼统地在定义中规定东道国应当给予缔约方投资者"公平公正待遇"或者"根据国际法原则给予公平公正待遇"，并未对公平公正待遇以及该待遇项下的具体内涵要素作出进一步解释，也没有参照其他国际法原则与标准进行说理。这种定义方式给予了公平公正待遇根据投资环境的不断改变而继续演进的空间。在解释公平公正待遇条款时，时刻遵循条约解释方法并结合具体案情灵活解释并适用，保证了条款内容的时效性。但是，公平公正待遇条款开放式定义也存在一定问题。

（一）导致公平公正待遇有被扩张解释的可能

开放式定义方式没有对公平公正待遇条款的内涵作出具体说明，在这种情况下，当遇到涉及条款的仲裁纠纷时，如何解释这一条款的内涵要素和适用范围都将取决于受理案件的仲裁庭。由于开放式定义没有关于条款适用范围的明确界限，这就使得仲裁员实际上享有了类似于"法官造法"的权力，有可能导致公平公正待遇的内涵、外延被不当地扩张，形成涉公平公正待遇的仲裁裁决不一致的局面。

（二）催生私人投资者进行投机滥诉

国际投资仲裁倾向于保护投资者利益，所以在实践中仲裁庭极有可能从保护投资者利益角度出发对公平公正待遇作扩大解释，这就为投资者利用投资仲裁投机滥诉提供了可能。投资者会热衷于以公平公正待遇条款为依据，向仲裁庭提出仲裁申请。由于开放式定义没有明确公平公正待遇条款的内涵要素，投资者通过投资仲裁获得救济的概率大幅提升，东道国经

济发展主权受损的风险随之提高。

(三) 引发仲裁庭对东道国国内活动的不正当干预

如果投资仲裁庭对双边投资协定中投资待遇标准的含义不能达成较为一致的认识，东道国将对自身承担的条约义务无所适从，对义务承担丧失可预期性。①换言之，东道国根据国内法对本国立法、司法、行政等活动以及商业活动的正常管理行为遭到外部干预的可能性将会增加。

第四节　公平公正待遇和国际最低待遇标准的关系

1999 年联合国贸易和发展会议（贸发会议，United Nations Conference on Trade and Development，UNCTAD）发布报告称：将公平公正待遇等同于最低待遇标准是有问题的。如果东道国和投资者没有在相关投资法律文件中清楚地表明这两项待遇标准是可以完全互换的，甚至都没有表达出将二者结合的意图，就意味着大多数国家并不认为二者可以等同。②笔者认为此种观点是合理的，且公平公正待遇不能等同于最低待遇标准主要体现在以下几个方面：

一、适用目的不同

从设立国际最低待遇标准的目的来看，国际最低待遇标准最初是为了保护外国人的人身及财产安全，避免东道国政府针对投资者所实施的行为在国际法下是不可接受的。在 Glamis Gold 诉美国案中，仲裁庭强调："国际最低待遇标准只是最低的标准，它起着兜底的作用，达不到此种标准的行为都是国际社会所不能接受的行为。"③因此只有当东道国政府行为对投

---

① Kelley Connolly, Say What You Mean: Improved Drafting Resources as a Means for Increasing the Consistency of Interpretation of Bilateral Investment Treaty, *Vanderbilt Journal of Transnational Law*, Vol.40, 2007.

② UNCTAD, Fair and Equitable Treatment, UNCTAD Series on Issues in International Investment Agreements, 1999.

③ Glamis Gold Ltd. v. United States, UNCITRAL, Award, 8 June 2009, para.615.

资者权益造成的损害达到所要求的极限程度时，投资者才可以触发诉讼程序，要求东道国进行赔偿。可见，国际最低待遇标准意在通过外交保护机制解决纠纷，而非解决投资者与东道国之间的投资争端。①

恰恰相反，公平公正待遇正是为了建立门槛较低的保护机制，给予投资者更高程度的保护，营造令外国投资者信任的投资环境，从而刺激海外投资。首先，从投资协定文本本身来看，公平公正待遇经常与 BITs 的序言部分相联系，表明各缔约国关于促进投资与经济合作的意愿。其次，在众多仲裁实践中，公平公正待遇都被解释为一种具有能动性的标准——"促进""营造""激励"，是东道国应承担的一项主动义务，而不是对东道国被动行为的一种描述或者不利于投资者行为的规避。②Saluka 诉捷克案就是典型例证，仲裁庭明确指出："缔结双边投资协定的目的是促进缔约方之间的海外直接投资，其中公平公正待遇条款是为了激励、吸引外国投资者，因为违反公平公正待遇的政府行为的不适当程度比国际最低待遇标准要小一些。"③由此可以看出，公平公正待遇旨在让外国投资者可以及时通过提起诉讼，维护自身合法权益。

二、所涉范围不同

1981 年，弗朗西斯·曼（Francis Mann）博士提出："公平公正待遇所要求的保护范围远大于国际最低待遇标准。它更为客观，仲裁庭无须考虑什么是最低、中等抑或平均标准。"④Francis Mann 博士的这段话是有先见之明的，很多仲裁庭认为公平公正待遇的范围大于国际最低待遇标准。在 PSEG Global 诉土耳其案中，仲裁庭指出，在没有违反国际最低待遇标

---

① Ioana Tudor, *The Fair and Equitable Treatment Standard in the International Law of Foreign Investment*, Oxford University Press, 2008.

② MTD Equity Sdn Bhd v. Republic of Chile, ICSID Case No.ARB/01/7, Decision on Annulment, 21 March 2007, para.71.

③ Saluka Investments BV v. Czech Republic, UNCITRAL, Partial Award, 17 March 2006, paras.292—293.

④ Francis Mann, British Treaties for the Promotion and Protection of Investments, *British Yearbook of International Law*, Vol.52 (1), 1981, pp.241—254.

准时，公平公正待遇仍然能保证正义的实现。①这意味着公平公正待遇的具体内涵中包含不属于国际最低待遇标准的特殊义务。在 Enron 诉阿根廷案中，仲裁庭认为在多数情况下，国际最低待遇标准是模糊的，而公平公正待遇要求提供额外或超过习惯国际法的待遇。公平公正待遇的范围更加广泛。②

　　以透明度原则为例。透明度是一个相对新的概念，通常被认为是公平公正待遇的要素之一，③但它没有被包含在国际最低待遇标准中。④虽然在 Metalclad 诉墨西哥案中，仲裁庭认为缺乏透明度构成对 NAFTA 第 1105 条的违反，⑤但是这一部分裁决被英国最高院判定无效，理由是透明度要求不属于习惯国际法。⑥值得一提的是，美国政府在 Glamis Gold 诉美国案中表明："NAFTA 的所有签署国：美国、加拿大和墨西哥，均认同 NAFTA 第 1105 条以及习惯国际法下都不包括透明度要求。"⑦

三、界定方法不同

　　国际最低待遇标准作为一项习惯国际法规则，界定国际最低待遇标准时需要考虑两个要素：国家实践和法律确信。一贯的国家实践可以通过批准条约时的声明、相关政府证明、条约实践（例如 BITs 范本）予以确认，但在确认一般惯例是否被接受为法律方面，通常十分困难。也正是因为习

---

　　①　PSEG Global, Inc. v. Republic of Turkey, ICSID Case No.ARB/02/5, Award, 19 January 2007, para.239.

　　②　Enron Corp. v. Argentine Republic, ICSID Case No. ARB/01/3, Award, 22 May 2007, para.258.

　　③　Tecnicas Medwambientaks Tecmed SA v. United Mexican States, ICSID Case No. ARB (AF) /00/2, Award, 29 May 2003, para.153—154; See also Philip Morris Brands Sàrl and ors v. Uruguay, Award, ICSID Case No.ARB/10/7, 28th June 2016, para.320; See also Murphy Exploration & Production Company v. Ecuador, PCA Case No.2012-16, Award, 6 May 2016, para.206.

　　④　OECD Draft Convention on the Protection of Foreign Property, 1967.

　　⑤　Metalclad Corp.v. United Mexican States, ICSID Case No. ARB (AF) /97/1, Award, 30 August 2000, para.101.

　　⑥　United Mexican States v. Metalclad Corp., 2 May 2001, 2001 BCSC 664.

　　⑦　Glamis Gold Ltd. v. United States, UNCITRAL, Award, 8 June 2009, para.580.

惯国际法这样的性质及其发展的方式使得仲裁庭在扩大国际最低待遇标准的具体内涵时十分小心谨慎。在 Windstream 诉加拿大案中，仲裁庭认为界定国际最低待遇标准时必须严格考察国家实践和法律确信两大要素，并且由申请人承担证明责任。如果申请人未能提供充分的证据证明其请求所依据的规则是为国际最低待遇标准所囊括的，仲裁庭在遵循两大要素界定国际最低待遇标准过程中，会适当考察其他仲裁庭的实践以及学者观点。①

　　独立自主的公平公正待遇无需任何一方证明国家实践或法律确信的存在，从理论上说，仅需要关注条约本身的用语和细节，即按照《维也纳条约法公约》第31、32条规定的条约解释方法予以解释。但是由于公平公正待遇本身的模糊宽泛性，加之公平公正待遇条款往往规定得不够具体明确，致使传统的条约解释方法对界定公平公正待遇的作用有限。对此，克里斯托夫·朔伊尔（Christoph Schreuer）曾指出：通过司法实践使公平公正待遇的内容具体化是可以接受的。②实践中，多数仲裁庭也往往选择在条约解释之后，归纳以往仲裁庭的实践，总结违反公平公正待遇的事实情况，进而界定公平公正待遇的内容。③例如，在 Mondev 诉美国案中，仲裁庭直接指出不能通过抽象的概念来判断行为是否违反了公平公正待遇，而是要通过对案件具体事实的分析来判断。④实践是真正的检验，解释公平公正待遇条款的关键在于对事实的适用。⑤

　　基于上述讨论，笔者认为，公平公正待遇应是一项独立自主的外资待遇标准，除非 BITs 明确将公平公正待遇与国际最低待遇标准等同。

---

① Windstream Energy LLC v. Government of Canada, PCA Case No. 2013-22，Award，27 September 2016，para.351.

② 徐崇利：《公平公正待遇标准：国际投资法中的"帝王条款"?》，《现代法学》2008 年第 5 期。

③ Philip Morris Brands Sàrl and ors v. Uruguay, ICSID Case No. ARB/10/7，Award，28th June 2016，para. 319；See also Crystallex International Corporation v. Venezuela, Award, ICSID Case No.ARB（AF）/11/12, Award, 4 April 2016，para.539.

④ Mondev International Ltd. v. United States, ICSID Case No.ARB（AF）/99/2，Award，11 October 2002，para.118.

⑤ Windstream Energy LLC v. Government of Canada, PCA Case No. 2013-22，Award，27 September 2016，para.362.

第一，从解决投资争议的实际情况来看，违反公平公正待遇不需要达到难以容忍或令人震惊的程度。所谓"难以容忍"和"令人震惊"这种标准是很难量化的，况且每个个案的事实不同，必须具体情况具体分析，有利于实现个案实体正义。

第二，依赖最低待遇标准界定公平公正待遇不能达到澄清公平公正待遇内涵的目的，因为最低待遇标准尚无一个明确、严格的表达方式，发达国家与发展中国家对最低待遇标准的理解也不一致。[1]国际法院前院长史蒂芬·施韦贝尔（Stephen M. Schwebel）曾指出，国际社会没有就最低待遇标准的内容达成共识，[2]不经过认真讨论就草率地将二者等同是无法令人信服的，对公平公正待遇条款的解释仍旧存在不确定性、不可预测性和不一致性。

第三，国际最低待遇标准保障的是习惯国际法下的最低待遇，而公平公正待遇所提供的是更充分的待遇。

第四，国际最低待遇标准已经无法满足现代国际投资法的需求，而活跃在 BITs 条文中的公平公正待遇在国际投资领域正发挥着更加重要的作用。

第五，如果我们放任仲裁庭任意扩大解释公平公正待遇的内涵，这将导致越来越多的申请人基于公平公正待遇条款在仲裁中获胜，无疑损害了东道国主权和国家利益。因此，我们有必要进一步明确界定公平公正待遇的具体内涵。

---

[1] Stephen Vasciannie，The Fair and Equitable Treatment Standard in International Investment Law and Practice，*The British Book of International law*，Vol.70（1），1999，pp.99—164.

[2] Stephen M. Schwebel，*Justice in international law：selected writings of Stephen M. Schwebel*，Cambridge University Press，2011.

第二章 公平公正待遇"要素清单"

第一节 非专断与非歧视待遇

专断一般指"取决于个人的斟处权……更依赖于偏见或偏好而不是事实或理性"。①仲裁庭在 EI Paso 诉阿根廷②案中引述布莱克法律词典对专断的定义，指出"在没有充分确定原则的情况下执行""没有基于法律的理由"或"未能作出诚实的判断"等，"专断和反复无常"的定义是"一种故意的、不合理的行为，不考虑或无视事实或法律"。

实践中，仲裁庭在许多案件中都援引了国际法院对专断作出的解释，即专断不是指违反某一个特定的法律规则，而是违背了法治，是故意无视法律的正当程序，是令人震惊的、至少是有违司法适当性的行为。针对东道国专断行为的认定，仲裁庭认为专断意味着基于厌恶或偏好，无理由并且故意忽略事实进行个人裁量，或者漠视法律程序，缺乏司法正当性。③但是，专断行为和违约行为不能画等号。例如，在 LG&E 诉阿根廷案④中，仲裁庭认为东道国政府为了扭转经济崩溃的形势，经过理性的决策程序采取的一系列措施，不构成专断行为。

---

① R. Dolzer, Fair and Equitable Treatment, *The International Lawyer*, Vol.39, 2005, p.92.

② El Paso Energy International Co v. Argentine Republic (ICSID Case No. ARB/03/15), Award, 31 October 2011.

③ UAB E energija (Lithuania) v. Republic of Latvia, ICSID Case No.ARB/12/33, Award, 22 December 2017, para.697.

④ LG&E Energy Corp., LG&E Capital Corp., and LG&E International, Inc. v. Argentine Republic, ICSID Case No.ARB/02/1, Decision on Liability, 3 October 2006, para.162.

在 EI Paso 诉阿根廷案①中，仲裁庭认为阿根廷对经济危机的调控行为不存在专断性。阿根廷采取的措施是建立在应对重大危机的合理计划基础上的，并有效地取得了预期的结果，这意味着不能认为这些措施是专断的。一般而言，一部法律未经合理论证或缺乏合理目的而颁布，该行为可能被认为是专断的。

在 Antaris GMBH 诉捷克案②中，仲裁庭多数决裁决，政府通过征收太阳能税从而在事实上降低此前保证的最低上网电价的行为，不是专断措施。这是对事态变化的一种完全理性和相称的反应，旨在减少超额利润，保护消费者不受电价过快上涨的影响，这种经济主权行为具有宏观经济调控的合理性，不构成对外国投资者的专断性行为。

此外，与专断行为相比，东道国歧视行为相对容易认定。仲裁庭会选取在相似情况下东道国采取的行为作为"参照物"，判断投资者是否被区别对待，并且这种区别对待是否出于正当原因。例如，在 Saluka 诉捷克案中，仲裁庭认为如果在相似情况下投资者受到区别对待，并且东道国无法给出合理解释，那么东道国的行为将被认为是歧视性的。

第二节　不得拒绝司法

拒绝司法是指东道国机关违反国家的国际义务未给予外国人应有保护而使外国人遭受损害的作为或不作为，不得拒绝司法是公平公正待遇的核心要素之一。实践中，仲裁庭不承担上诉法院的职能，因此不审查东道国法院判决的实质性内容。在指控东道国的行为构成拒绝司法时，投资者必须证明东道国的有关决定或行为违反了相关标准。那是在 Mondey 诉美国案③

---

① El Paso Energy International Co v. Argentine Republic（ICSID Case No. ARB/03/15），Award，31 October 2011.

② Antaris Solar GmbH and Dr. Michael Göde v. Czech Republic，PCA Case No.2014-01.

③ Mondev International Ltd. v. USA［ICSID Case No.ARB（AF）/99/2］，Award，11 October 2002.

明确了拒绝司法的主要标准：法庭做出的令人震惊或惊讶的行为是否导致当事人对司法适当性的合理怀疑。归根结底，关键是以普遍接受的司法标准为参照，法庭是否能够根据案件事实得出恰当结论。仲裁庭在 Chevron Corp 诉厄瓜多尔案①中强调，确定拒绝司法的测试是"一项要求严格的测试"，有很高的门槛，因为该标准要求"证明'特别严重的缺点'和'令人震惊的、至少是令人惊讶的触犯司法正当性'的恶劣行为"②。

从投资仲裁实践来看，一般有以下四种行为可构成拒绝司法。

第一，拒绝司法不限于司法机关的作为和不作为，行政机关的行为也可能构成拒绝司法。具体判断标准是：如果东道国的行为没有给投资者留有进一步补救或上诉的空间，即投资者已经用尽当地救济，那么该行为构成拒绝司法。③若没有发现拒绝司法的情况，投资者则无法对当地法院的裁判提出质疑。实践中，仲裁庭多数意见驳回了 Philip Morris 对乌拉圭④的索赔。在该案中，加里·博恩（Gary Born）发表了异议意见，他认为乌拉圭两个独立的法院在历史上第一次就同一当事方的同一案件提出的两个类似诉讼作出相互矛盾的裁判，但没有给予外国投资者提供提出质疑的权利，从而否定了外国投资者的司法要求。他认为，这是"一种典型的拒绝司法公正"。

第二，不当拖延审理构成拒绝司法。例如，在 Pey Casado 诉智利案中，仲裁庭认为投资者向东道国法院起诉后，法院无故拖延判决长达 7 年，导致投资者不能获得终局性裁判，构成拒绝司法。⑤同样，在 Cervin 诉哥

---

① Chevron Corp and another v. Ecuador (Partial Award on the Merits) UNCITRAL Arbitration Rules，ILC 421 (2010)，30 March 2010.

② Ibid.，para. 244.

③ Corona Materials LLC v. Dominican Republic，ICSID Case No. ARB（AF）/14/3，Award，31 May 2016，para.248.

④ Philip Morris Brands Sàrl and ors v. Uruguay，ICSID Case No. ARB/10/7，Award，28th June 2016.

⑤ Pey Casado and Foundation President Allende v. Chile，ICSID Case No. ARB/98/2，Award，13 September 2016，para.225.

斯达黎加案①中，仲裁庭发现，对针对一项行政措施的上诉的复审拖延了两年多，这样的行为令人震惊，相当于违反了正当程序，从而违反了法律中的公平公正待遇。实践中，仲裁庭在判断拖延是否构成拒绝司法行为时，通常会考虑的因素包括：案件的复杂性、当事人的行为、案件利害关系的重要性、法院本身的行为。

第三，东道国以严重不适当的方式进行司法审判，未给予投资者提起诉讼、行政复议、听证等正当程序，构成拒绝司法。②例如，在 Metaclad 诉墨西哥案③中，市政府拒绝颁发许可证却未能听取投资者的陈述，进而被仲裁庭裁决为违反 NAFTA 第 1105 条规定的公平公正待遇。仲裁庭认为东道国未履行通知义务剥夺投资者表明其立场的机会，该行为欠缺正当程序，违反公平公正待遇。④ Tecmed 诉墨西哥案⑤中，东道国环境监管委员会撤销垃圾填埋场的经营许可却没有事先告知行动意图，导致申请人被剥夺了表达立场的机会，进而被认定为违反公平公正待遇。东道国有义务建立和维持一个不剥夺当事人司法权利的制度。但是这并不意味着各国有义务确保任何法官都不会误判。对拒绝司法的检验不是对个别法院判决的审查，而是对东道国整个司法制度的审查。⑥仲裁庭认为外国投资者需要证明"法院系统根本上失灵"。

第四，东道国故意和恶意地误用法律，造成不公正的判决结果，构成拒绝司法。但如果根据东道国法律，投资者行为理应受到法律制裁，且其

---

① Cervin Investissements SA and another v. Republic of Costa Rica (ICSID Case No.ARB/13/2), Award, 7 March 2017, paras.452—453.

② Corona Materials LLC v. Dominican Republic, ICSID Case No.ARB (AF) /14/3, Award, 31 May 2016, para.248；Mondev International Ltd. v. United States, ICSID Case No.ARB (AF) /99/2, Final Award, 11 October 2002, paras.225—226.

③ Metalclad Corporation v. The United Mexican States, ICSID Case No.ARB (AF) /97/1, Award, 30 August 2000.

④ Ibid., para.91.

⑤ Técnicas Medioambientales Tecmed SA v. Mexico (ICSID Case No.ARB (AF) /00/2), Award of 29 May 2003.

⑥ Jan Oostergetel and another v. Slovak Republic (UNCITRAL), Final Award of 23 April 2012, para.225.

裁判行为符合法律规定，则该判决不构成拒绝司法。例如，在 Mondev 诉美国案①中，仲裁庭认为州法院撤销初审法院判决是不恰当的和有损信用的，导致投资者受到不公平和不公正的对待，构成拒绝司法。②在 International Thunderbird 诉墨西哥案③中，仲裁庭认为，东道国认定申请人经营游戏存在非法行为的行政程序并不存在专断或者拒绝司法的情形，申请人也享有对该行政决定提起再审的机会；尽管行政程序可能被外部因素影响，但尚未严重到令人对司法适当性感到震惊的程度，因此不存在拒绝司法的情形。在 Bridgestone 诉巴拿马案④中，仲裁庭同意了若干与确定拒绝司法索赔有关的主张，其中包括"国家法院的错误裁判只有在证明存在以下情况时，才能证明存在拒绝司法：法院犯有偏见、欺诈、不诚实、缺乏公正性或严重不称职的罪行"。

在 Azinian 诉墨西哥案⑤中，由于 Azinian 对其履约能力进行了不当的描述，诺卡尔蓬市终止了与该公司签订的合同。Azinian 因此向墨西哥法院提起诉讼，要求诺卡尔蓬市继续履行合同，但未获支持。仲裁庭认为，拒绝司法可以是基于相关法院拒不受理诉讼、过分迟延判决，或明显欠缺公正或者显然恶意地曲解法律。根据墨西哥法律，关于履行能力的错误表述构成解除合同的合法理由。因此，墨西哥法院不存在适用法律不当的情况，不构成拒绝司法行为。

第三节　透明度要求

仲裁庭在考察东道国行为是否满足透明度要求时，主要关注东道国在

---

① Mondev International Ltd. v. USA [ICSID Case No.ARB（AF）/99/2]，Award，11 October 2002.

② Mondev International Ltd. v. United States，ICSID Case No.ARB（AF）/99/2，Final Award，11 October 2002，para.91.

③ International Thunderbird Gaming Corporation v. United Mexican States，Award（NAFTA A）.

④ Bridgestone Licensing Services Inc and another v. Republic of Panama（ICSID Case No. ARB/16/34）.

⑤ Azinian v. United Mexican States，ICSID Case No.ARB（AF）/97/2，Award，391.L.M. 537（Nov. 1, 1991）.

作出任何可能对投资者产生影响的决策之前，是否已经告知投资者，使其知晓决策背后的目的和理由。换言之，东道国政府与投资者之间的信息交换应当及时、充分并且透明。透明度要求与东道国对外投资法律框架紧密相关，有利于降低投资风险。

虽然"透明度原则是否属于公正与公平待遇要素"这一问题曾在NAFTA仲裁实践中引起很大争议，但是晚近越来越多的国家认可透明度原则属于公平公正待遇的内容。UNCTAD 也认为透明度要求是公平公正待遇的应有之义。Metalclad 诉墨西哥案[1]中，仲裁庭首次认可透明度原则纳入公平公正待遇内涵，认为要满足透明度要求，东道国应当在投资者建立、开展、完成投资的过程中，公布所有与投资活动相关的法律规定。对于存疑或者不明确的法规，东道国应当及时为投资者作出解释，以使其充分了解与投资相关的权利义务。Tecomed 诉墨西哥案在 Metalclad 诉墨西哥案的基础上进一步阐述，透明度的范围包括政府颁布法律法规的立法和政治目的。[2]

公平公正待遇要求以透明的方式监管外资[3]。举例而言，在以下情形中东道国政府行为均不符合透明度要求，违反了公平公正待遇。

第一，东道国缺乏关于市政建设许可证要求的明确规定，也未设置关于处理市政建设许可证申请的任何惯例或程序；在外国投资者咨询时未告知可能因无法取得施工许可证而无法运营项目。[4]

第二，东道国未提前告知外国投资者，可以在特殊情况下不经投资者许可从其银行账户转移其资金。[5]

---

[1] Metalclad Corp v. Mexico (NAFTA) (Award, 30 August 2000) and Review by British Columbia Supreme Court，2 May 2001.

[2] Técnicas Medioambientales Tecmed SA v. Mexico [ICSID Case No. ARB (AF) /00/2]，Award of 29 May 2003，para.154.

[3] Crystallex International Corp v. Bolivarian Republic of Venezuela para.579.

[4] Metalclad Corporation v. The United Mexican States，ICSID Case No. ARB (AF) /97/1，Award，30 August 2000.

[5] Maffezini v. Kingdom of Spain (ICSID Case No.ARB/97/7)，Award of 13 November 2000.

第三，外国投资者在与东道国政府谈判过程未被告知关键信息，如股权的资产评估价值等。①

第四，东道国政府未能及时通知外国投资者将撤销对其的奖励制度。②

前述案件中，仲裁庭均指出，东道国提供的这些法律规定不能包含任何令人疑惑或不确定的信息。③关键之处在于所有程序应是透明的，哪怕结果无法使投资者满意，也不会违反公平公正待遇标准下的透明度要求。例如在 MTD Equity 诉智利案④中，仲裁庭认为智利在吸引外国投资者投资时，没有对该项目可能违反当地法规进行提示。仲裁庭认为智利本可以通过两种方式遵守公平公正待遇，即维持一贯政策或者及时披露政策变化，但是智利未采取任一种方式，因而违反了公平和公正待遇标准。与之相似，Siemens AG 诉阿根廷案⑤中，仲裁庭认为，透明度要求东道国提供向社会公布的所有法律和相关信息。

此外，透明度意味着东道国政府和投资者之间应当建立起有效、完善的沟通机制，避免投资者产生错误期待。不少案件中，仲裁庭均将透明度要求视为投资者合理期待的前提。我们也应注意到一些投资条约单独设计了透明度条款，包括要求东道国政府公布所有与投资者相关的法律法规、程序及行政管理措施。当东道国和外国投资者就法律法规披露产生争议时，仲裁庭允许申请人作出选择，如果已经依据条约中透明度条款提出单独诉请，则仲裁庭审理公平公正待遇标准时不再重复讨论；如果申请人直接以违反公平公正待遇所包含的透明度要求为依据提出具体诉请，则仲裁庭按公平公正待遇内涵处理争议。

---

① Nordzucker AG v. Republic of Poland，UNCITRAL，Second Partial，Award of 28 January 2009.

② Micula and others v. Romania（ICSID Case No.ARB/05/20），Award of 11 December 2013.

③ Metalclad Corporation v. The United Mexican States，ICSID Case No.ARB（AF）/97/1，Award，30 August 2000，para.76.

④ MTD Equity Sdn. Bhd，and MTD Chiles S.A v. Republic of Chile，Award of May 25，2004.

⑤ Siemens AG v. Argentina，ICSID Case No.ARB /02 /8，Award of 6 February 2007.

第四节　保护投资者合理期待

保护投资者合理期待被认为是公平公正待遇的核心内容①。在 Electrabel 诉匈牙利案②中，仲裁庭强调公平公正待遇最重要的功能是保护投资者合理的期待。然而，保护外国投资者合理期待并不是国际投资法首创的概念，而是源于国内行政法的一般法律原则，旨在要求国内主管机关在行使监督监管职权时，对外国投资者及其日常经营活动予以保障，充分尊重他们的合理期待。这种期待建立于投资者作出投资决定之初，并且来源于东道国商业环境、立法与行政框架、东道国对投资者作出的具体承诺等。③合理期待的内容包括政府颁布的政策决定，以及行政机关因合同作出的承诺。东道国经济政策的变化、东道国改变投资者投资时所信赖的安排或具体承诺等都会损害投资者的合理期待。④除此之外，也有仲裁庭指出东道国实行专断与歧视待遇、以缺乏透明度的方式改变投资者长期依赖的法律框架，同样构成损害投资者的合理期待，违反公平公正待遇，⑤这体现出近年来仲裁庭在不断拓宽合理期待的内容，愈加重视保护投资者的合理期待。

---

① Rudolf Dolzer, Fair and Equitable Treatment: Today's Contours, *Santa Clara Journal of International Law*, Vol.12, 2013, p.17.

② Electrabel S.A. v. Hungary, ICSID Case No.ARB/07/19, Decision on Jurisdiction, Applicable Law and Liability (Nov. 30, 2012), para.7.75.

③ Murphy Exploration & Production Company v. Ecuador, PCA Case No.2012-16, Award, 6 May 2016, para.247; See also Termosolar B.V. v. Spain, ICSID Case No.ARB/13/31, Award, 15 June 2018, paras.532—533.

④ Masdar Solar & Wind Cooperatief U.A. v. Kingdom of Spain, ICSID Case No.ARB/14/1, Award, 16 May 2018, para.552; ADF Group Inc. v. United States, ICSID Case No.ARB（AF）/00/1, Award, 9 January 2003, para.189.

⑤ Saluka Investments BV v. Czech Republic, UNCITRAL, Partial Award, 17 March 2006, para.306.

一、投资者合理期待的内涵

保护投资者合理期待来源于善意原则。在 Tecmed 诉墨西哥案①和 Saluka 诉捷克案②中，仲裁庭指出投资者的合法或合理期待包括以下期望：东道国秉持善意执行其政策，而且该行为没有明显违反一致性、透明度的要求、不存在专断或歧视的情形。

在 LG&E 诉阿根廷案③中，仲裁庭认为外国投资者基于东道国的承诺开展经营活动，对该承诺的合理期待就应得到保护。在 Thunderbird 诉墨西哥案④中，仲裁庭认为外国投资者基于对东道国的信任产生合理的期待后进行投资，但东道国背信弃义，致使投资者蒙受损失，违反公平公正待遇。在 El Paso 诉阿根廷案⑤中，仲裁庭认为投资者的合理和合法期待是公平公正待遇的试金石，合理期待在判断公平公正待遇时已经成为压倒性趋势，并且这种期待起源于善意原则。Suez 诉阿根廷案⑥中，仲裁庭指出，外国投资者的合理期待源于东道国依据其实施的法律法规作出的承诺与保证，外国投资者因信赖这些法律法规具有稳定性和可预期性，在东道国境内开展商业活动。法律上的突然变化导致东道国不能公平公正对待投资者，从而违反公平公正待遇。

二、投资者合理期待的内容

从仲裁实践来看，东道国法律的稳定性和透明度是仲裁庭考量的重要

---

① Técnicas Medioambientales Tecmed SA v. Mexico［ICSID Case No. ARB（AF）/00/2］, Award of 29 May 2003.

② Saluka Investments BV (Netherlands) v. Czech Republic ILC 211 (2006).

③ LG&E Energy Corp. v. Argentine Republic，ICSID Case No. ARB/02/1，Decision on Liability，Oct.3，2006，para.127.

④ Thunderbird Gaming Corp. v. United Mexican States，NAFTA Ch.11 Arb. Trib. Award of Jan.26，2006，para.147.

⑤ El Paso Energy International Co v. Argentine Republic（ICSID Case No. ARB/03/15），Award，31 October 2011.

⑥ Suez v. Argentine Republic，ICSID Case No. ARB/03/19，Decision on Liability（July 30，2010），para.226.

因素，也是保护投资者合理期待的基础。

（一）东道国法律秩序的稳定性和连续性

毫无疑问，外国投资者在考虑建立投资时，稳定的东道国法律框架无疑是吸引其投资的有利条件之一。在实践中，仲裁庭认为基于投资条约序言载明的条约目的和宗旨，东道国有义务确保外国投资者能够在稳定的法律和商业环境下进行相关活动。最具有代表性的案件是美国 CMS 公司诉阿根廷案①，在该案中美国公司 CMS 收购阿根廷一家天然气运输公司的股权。然而，阿根廷于 2001 年爆发了空前严重的经济危机，为挽救近乎崩溃的国民经济，阿根廷政府颁布了《紧急状态法》，下调汇率幅度以应对危机。阿根廷比索对美元的汇率大幅度下降，CMS 公司营业收入大幅度减少，公司遭到重创。CMS 提起仲裁主张阿根廷政府出台《紧急状态法》，下调汇率幅度，严重破坏了东道国法律的稳定性和可预见性，且极大程度地影响了外国投资者在阿根廷的利益。仲裁庭在考虑了整体经济局势后指出，阿根廷颁布《紧急状态法》，导致美元和阿根廷比索的汇率严重失衡是对外汇管理法律制度的根本变更，破坏了原有外汇管理制度的稳定性和连续性，因此阿根廷政府违反了公平公正待遇标准。

此外，因法律变更导致投资者预期的投资回报减损，东道国政府应当在合理范围内予以赔偿。在 RREEF 诉西班牙案②中，西班牙政府颁布并实施了若干有关可再生能源的法律，包括第 661/2007 号皇家法令，使得 RREEF 可以在投资项目中有较高收益。2013 年，西班牙政府修订了 661/2007 号皇家法令，RREEF 无法获得原定的投资收益。对此，仲裁庭建议各方就损害赔偿额达成协议，以弥补外国投资者丧失合理预期而承受的损失。

---

① CMS Gas Transmission Co. v. Argentine Republic, ICSID Case No. ARB/01/8, Award (May 12, 2005).

② RREEF Infrastructure (G.P.) Limited and RREEF Pan-European Infrastructure Two Lux S.à r.l. v. Kingdom of Spain (ICSID Case No. ARB/13/30) (Decision on Responsibility and on the Principles of Quantum of 30 November 2018).

（二）东道国政府作出的特别保证

东道国给予投资者的特别保证是外国投资者在作出投资决定前的重要考量因素。当东道国未能遵守特别保证时，这样不仅违反国际法上的禁反言原则，也剥夺了外国投资者因特别保证产生的信赖利益。在 MTD 诉智利案①中，马来西亚投资者 MTD 计划在智利投资不动产项目。MTD 在投资前咨询智利外国投资委员会得知，虽然该项目违反智利的城市建设规划政策，但智利外国投资委员会经调研后确认投资者选择建设的地点是可行的，例外批准了投资者的项目。MTD 便投入大量资金收购土地。然而，智利住建部拒绝颁发项目建设许可证，导致该项目陷入停滞。在双方协商未果后，MTD 向 ICSID 提起仲裁。最终，仲裁庭认为智利外国投资委员会批准 MTD 的投资项目，使投资者有理由期待该项目可以正常实施；同一政府的两个部门对同一投资者采取的行动前后不一致，即使在该国的法律框架内允许这种不一致，这样的行径也违背了公平公正待遇条款。

（三）东道国遵守合同义务

实践中，仲裁庭将东道国在投资合同中作出的承诺归属于投资者合理期待的组成部分。东道国政府与投资者缔结合同后，不能无正当理由单方面变更或解除合同，否则违反保护外国投资者合理期待的要求。在 Rumeli 诉哈萨克斯坦案②中，仲裁庭进一步明确，东道国单方面终止合同的行为违反了外国投资者对合同能正常履行的合理期待，但所涉内容相对抽象，应当根据具体情况，综合分析案件事实及东道国社会的整体状况来作出判断。

（四）对投资者合理期待原则的滥用

仲裁庭对合理期待的认定提出了限制条件。如果投资者利益受损是由于普通商业风险，则此种情形不属于损害投资者合理期待。公平公正待遇

---

① MTD Equity Sdn. Bhd, and MTD Chiles S.A v. Republic of Chile，Award of May 25，2004.

② Rumeli Telekom AS and another v. Kazakhstan (ICSID Case No. ARB/05/16)，Award of 29 July 2008.

所保护的投资者期待是在投资背景下合理、合法的期待。[①]

第五节　提供稳定和可预见的法律框架

提供稳定和可预见的法律框架与透明度要求有内在区别。透明度要求侧重于使投资者及时且充分地了解东道国法律政策的变化，而稳定和可预见的法律框架则要求东道国维持法律政策的稳定性。仲裁庭在认定东道国是否向投资者提供了稳定和可预见的法律框架时，经常援引 CMS 诉阿根廷案。在 CMS 诉阿根廷案中，仲裁庭指出法律和监管环境的稳定性和可预见性是公平公正待遇的基本要素。东道国改变天然气管理法律框架的行为，在事实上完全改变了投资者在作出投资决定时所依赖的法律和商业环境，破坏了东道国法律框架的稳定性和可预见性，违反公平公正待遇。[②]但是，维持法律框架的稳定性和可预见性不影响东道国行使国家经济主权。公平公正待遇从未禁止东道国改变法律规范，除非该法律规范与东道国在吸引投资时作出的具体承诺和表示有关。[③]在 Micula 诉罗马尼亚案中，仲裁庭指出，国家修改法律的行为必须在实质上是适当的，不存在任意专断或歧视性的情况，而且应当遵守正当程序。如果东道国法律变更未能满足这些要求，东道国可能会承担赔偿责任。[④]

值得注意的是，提供稳定和可预见的法律框架与保护投资者合理期待有很大程度的重叠。实践中，为了证明东道国违反了为投资提供稳定和可预测法律框架的义务，投资者需要证明：

[①]　Georg Gavrilovic and Gavrilovic d.o.o. v. Republic of Croatia，ICSID Case No.ARB/12/39，Award，26 July 2018，para.985；Allard v. The Government of Barbados，PCA Case No.2012-06，Award，27 June 2016，para.192—194.

[②]　CMS Gas Transmission Company v. The Republic of Argentina，ICSID Case No.ARB/01/8，Award，12 May 2005，para.267.

[③]　Philip Morris Brands Sàrl and ors v. Uruguay，Award，ICSID Case No.ARB/10/7，28th June 2016，para.422.

[④]　Micula and others v. Romania，ICSID Case No.ARB/05/20，Award of 11 December 2013.

（1）东道国向投资者提供了一个对投资者作出投资决定至关重要的法律框架。

（2）投资者对框架的稳定性和可预测性的期望是合理的。

（3）东道国随后的行为改变了这一框架。

与此同时，提供稳定和可预测的法律框架这一义务必须与东道国行使主权权力的自由相平衡。①投资者不能期望东道国的法律框架被永久冻结，除非东道国承诺不作任何改变。东道国监管权必须以合理的方式行使。在Electrabel 诉匈牙利案②中，仲裁庭也进一步说明，虽然东道国政府承诺将保护投资者免受不公平的变化，但东道国监管权应当具有灵活性，以便及时保护本国社会公共利益。

第六节　免遭东道国胁迫与骚扰

如果东道国以胁迫或骚扰的方式对外国投资者施加不适当的压力，可能违反公平公正待遇标准。免受东道国的胁迫和骚扰，指东道国政府不能以任何形式的胁迫或骚扰行为，强迫外国投资者基于非真实意愿作出利益让渡，旨在保护投资者合法利益。例如，在 Pope & Talbot 诉立陶宛案③中，东道国对外国投资者的投资施加挑衅的、咄咄逼人的"验证审查"，构成胁迫和骚扰。在 Tecmed 诉墨西哥案④中，东道国拒绝在没有任何补偿的情况下延长与（危险工业废物填埋）有关的必要的作业许可证。这迫使投资者转移到另一个地点，并承担由此产生的所有成本和风险，因此构

---

① Joseph Charles Lemire v. Ukraine，ICSID Case No.ARB/06/18，Award，28 March 2011，para.28.

② Electrabel SA v. Republic of Hungary，ICSID Case No.ARB/07/19，Decision on Jurisdiction，Applicable Law and Liability，30 November 2012.

③ Pope & Talbot Inc. v. The Government of Canada，UNCITRAL，Damage Award，31 May 2002，paras.68—69.

④ Tecnicas Medwambientaks Tecmed SA v. United Mexican States，ICSID Case No. ARB（AF）/00/2，Award，29 May 2003，para.163.

成胁迫和骚扰。在 Desert 诉也门案①中，在法院判决投资者有权获得一定数额赔偿之后，东道国强迫投资者接受赔偿数额减半的调解协议，构成胁迫。在 Total 诉阿根廷案中，东道国以不公平的方式强制投资者进行以债换股交易，强迫投资者接受对己方更加不利的投资协议条款，构成胁迫。②

综上所述，国际投资仲裁庭已经认定了公平公正待遇的众多适用情形，并且形成了可供后续实践参考的判例。值得一提的是，除了提供稳定和可预见的法律框架和免受东道国的胁迫和骚扰外，其余要素都曾在"一带一路"沿线国家关于公平公正待遇的实践中被认可，例如 Ioan 诉罗马尼亚案③、Flemingo 诉波兰案④、Karkey 诉巴基斯坦案⑤、UAB 诉拉脱维亚案⑥、Gavrilović 诉克罗地亚案⑦等，这对完善我国与"一带一路"沿线国家 BITs 中公平公正待遇条款具有重要的参考价值。同时，我们也应牢记，案件的具体情况是无法穷尽的。随着实践的发展，仲裁庭很可能根据新案情增加新的公平公正待遇要素。正如 ADF 诉美国案⑧、Mondev 诉美国案⑨以及 Saluka 诉捷克案⑩中仲裁庭所指出的那样，仲裁

① Desert Line Projects LLC v. The Republic of Yemen, ICSID Case No. ARB/05/17, Award, 6 February 2008, para. 151.

② Total S. A. v. The Argentine Republic, ICSID Case No. ARB/04/01, Award, 27 December 2010, para. 338.

③ Ioan Micula, Viorel Micula, S.C. European Food S.A, S.C. Starmill S.R.L. and S.C. Multipack S.R.L. v. Romania, ICSID Case No. ARB/05/20, Award, 11 December 2013, paras. 527—535.

④ Flemingo Duty Free Shop Private Limited v. the Republic of Poland, UNCITRAL 2016, para. 533.

⑤ Karkey Karadeniz Elektrik Uretim AS v. Pakistan, ICSID Case No. ARB/13, Award, 22 August 2017, para. 562.

⑥ UAB E. Energija (Lithuania) v. Latvia, ICSID Case No. ARB/12/33, Award, 22 December 2017, para. 841.

⑦ Gavrilović and Gavrilović d. o. o. v. Croatia, ICSID Case No. ARB/12/39, Award, 26 July 2018, para. 985.

⑧ ADF Group Inc. v. United States, ICSID Case No. ARB (AF) /00/1, Award, 9 January 2003, para. 184.

⑨ Mondev International Ltd. v. United States, ICSID Case No. ARB (AF) /99/2, Final Award, 11 October 2002, para. 119.

⑩ Saluka Investments BV v. Czech Republic, UNCITRAL, Partial Award, 17 March 2006, paras. 282—284.

庭在解释公平公正待遇条款时，必须依据国家实践、司法与仲裁先例或其他一般国际法。因此，公平公正待遇的内容会随着国家实践的不断丰富而发生变化。

第三章　中外 BIT 公平公正待遇条款设计

第一节　中外 BIT 公平公正待遇条款的主要形式

根据 UNCTAD 官网国际投资协定检索系统（UNCTAD IIA Navigator）及商务部网站资料统计，截至 2024 年 4 月，我国已同世界上 130 个国家签署了 146 份 BITs，其中，现行有效的共计 108 份。从世界范围内来看，20 世纪 80 年代末以来，BITs 数量呈爆发式增长趋势。据统计，1959—1989 年，各国间 BITs 签订的数量约为 400 份，而在其后的 15 年中，全球共计签订了 2 000 多份 BITs。我国 BITs 的增长趋势与上述趋势相同，集中签订于 20 世纪 80 年代末到 21 世纪初（1990—2004 年，我国对外签订 92 份 BITs）。在上述中外 BITs 中，公平公正待遇条款是重要内容之一。

一、"公平公正待遇"的措辞

在我国签订的 BITs 中，除了"公平公正待遇"这一表述外，还有"公平合理""公平的待遇""平等待遇"等表述。表 3-1 就我国签订的 BITs 中关于"公平公正待遇"这一名词的各种差异化措辞进行列举，并以我国现有 BITs 对每种措辞做出一个示例。

表 3-1　公平公正待遇在中外 BITs 中的措辞

措　辞	示　例	
	条　约	条　文
公平合理	《中国—瑞典 BIT》（1982）	序言：中华人民共和国政府和瑞典王国政府，愿坚持**公平合理**地对待缔约一方投资者在缔约另一方境内的投资…… 第 2 条第 1 款：缔约各方应始终保证**公平合理**地对待缔约另一方投资者的投资
公平的待遇	《中国—芬兰 BIT》（1984）	第 3 条：缔约一方应依照其法律和法规始终确保缔约另一方投资者的投资享有**公平的待遇**
平等待遇	《中国—巴林 BIT》（1999）	第 3 条第 1 款：缔约任何一方的投资者在缔约另一方的领土内的投资和与投资有关的活动应享受**平等待遇**并受到保护
公平待遇	《中国—伊朗 BIT》（2000）	第 4 条第 1 款：缔约一方应对在其领土内投资的缔约另一方的投资者的投资给予充分的法律保护和**公平待遇**……
公平与平等的待遇	《中国—尼日利亚 BIT》（2001）	第 3 条：缔约一方的投资者在缔约另一方的领土内的投资应始终享受**公平与平等的待遇**
公正和公平的待遇	《中国—比利时和卢森堡 BIT》（2005）	第 2 条第 2 款：缔约一方的投资者的所有投资在缔约另一方的领土内应享受**公正和公平的待遇**
公平和公正待遇	《中国—法国 BIT》（2007）	第 3 条：任一缔约方应当根据普遍接受的国际法原则给予缔约另一方的投资者在其境内或海域内所作的投资**公平和公正待遇**

二、"公平公正待遇"条款在条约中所处的位置

在包含公平公正待遇的中外 BITs 中，公平公正待遇条款所处的位置也不同，大致有以下几种情况：（1）该条款位于序言中；（2）同时在序言和正文中予以规定；（3）规定在"促进和保护投资"条款；（4）单独订立公平公正待遇条款；（5）公平公正待遇与国民待遇和/或最惠国待遇一同规定在"投资待遇"条款；（6）规定在"国民待遇"和/或"最惠国待遇"条款；（7）规定在"最低待遇标准"条款。表 3-2 就上述情况举例予以释明。

表 3-2 公平公正待遇在中外 BITs 中所处的位置

位 置	示 例	
	条 约	条 文
在序言中规定	《中国—土耳其 BIT》（1990）	**序言**：缔约同意为了维持稳定的投资环境及最有效地利用经济资源，投资将受到公正与公平的待遇
同时在序言和正文中规定	《中国—瑞典 BIT》（1982）	**序言**：中华人民共和国政府和瑞典王国政府，愿坚持公平合理地对待缔约一方投资者在缔约另一方境内的投资…… **第 2 条第 1 款**：缔约各方应始终保证公平合理地对待缔约另一方投资者的投资
规定在"促进和保护投资"条款	《中国—捷克 BIT》（2005）	**第 2 条 促进和保护投资** 一、缔约一方应鼓励缔约另一方的投资者在其领土内投资，并为该投资者创造有利条件，且应依照其法律和法规接受这种投资 二、缔约一方的投资者在缔约另一方的领土内的投资应始终享受公平和平等的待遇和完全的保护和安全
	《中国—挪威 BIT》（1984）	**第 3 条 投资的促进和保护** 缔约一方应鼓励缔约另一方的国民或公司在其领土内进行投资，并依照其法律和法规接受此种投资，给予公平合理的待遇和保护。上述投资应符合投资所在缔约一方的国家目标，并受其法律和法规的管辖
单独订立公平公正待遇条款	《中国—叙利亚 BIT》（1996）	**第 3 条** 缔约任何一方的投资者在缔约另一方领土内的投资和与投资有关的活动应受到公平和公正的待遇和保护
	《中国—法国 BIT》（2007）	**第 3 条 公平和公正待遇** 任一缔约方应当根据普遍接受的国际法原则给予缔约另一方的投资者在其境内或海域内所作的投资公平和公正待遇 在其国内法律的框架内，缔约一方应当对缔约另一方的自然人提出的，与在前一缔约方境内或海域内的投资有关的，入境及居留、工作和旅行许可请求的审查给予便利
与"国民待遇""最惠国待遇"一同规定在"投资待遇"条款	《中国—俄罗斯 BIT》（2006）	**第 3 条 投资待遇** 一、缔约一方应保证在其领土内给予缔约另一方投资者的投资和与该投资相关的活动**公平和平等的待遇**。在不损害其法律法规的前提下，缔约方不得采取任何可能阻碍与投资相关的行为的歧视措施 二、在不损害其法律法规的前提下，缔约一方应给予缔约另一方投资者的投资及与投资有关活动不低于其给予本国投资者的投资及与投资有关活动的待遇 三、缔约一方给予缔约另一方投资者的投资及与投资有关活动的待遇，不应低于其给予任何第三方投资者的投资及与投资有关活动的待遇

（续表）

位　　置	示　　例	
	条　　约	条　　文
与"国民待遇""最惠国待遇"一同规定在"投资待遇"条款	《中国—西班牙BIT》（2005）	**第 3 条　投资待遇** 一、缔约一方的投资者在缔约另一方的境内的投资应始终享受公平与公正的待遇 二、缔约一方应给予缔约另一方投资者在其境内的投资及与投资有关活动不低于其给予本国投资者的投资及与投资有关活动的待遇 三、缔约一方给予缔约另一方投资者在其境内的投资及与投资有关活动的待遇，不应低于其给予任何第三国投资者的投资及与投资有关活动的待遇
规定在"国民待遇条款"或/和"最惠国待遇条款"	《中国—黎巴嫩BIT》（1996）	**第 3 条　最惠国待遇** 一、缔约任何一方的投资者在缔约国另一方的领土内所从事的投资及与投资有关的活动应被给予公平和公正的待遇并享有保护 二、本条第一款所述的待遇和保护不应低于给予任何第三国投资者的投资及与投资有关的活动的待遇和保护
	《中国—科特迪瓦BIT》（2002）	**第 3 条　国民待遇和最惠国待遇** 一、任意缔约方位于另一缔约方境内的投资者的投资应该始终被给予公平公正待遇
规定在"最低待遇标准条款"	《中国—加拿大BIT》（2012）	**第 4 条　最低待遇标准** 一、任一缔约方应按照国际法，赋予涵盖投资公平和公正待遇并提供全面的保护和安全 二、第一款"公平公正待遇"和"全面的保护和安全"的概念并不要求给予由被接受为法律的一般国家实践所确立之国际法要求给予外国人的**最低待遇标准**之外或额外的待遇 三、一项对本协定的其他条款或其他国际协定条款的违反，不能认定对本条款的违反

三、关于"公平公正待遇"内容的具体表述

在中外 BITs 中，公平公正待遇的规定模式主要有以下几种情形：（1）原则性地规定公平公正待遇条款，不对该待遇附加任何限制性条件，也未对该待遇做出任何细化或明确的解释；（2）与最惠国待遇或国民待遇相联系，将其作为公平公正待遇的最低标准；（3）与国际法相联系；（4）与习惯国际法最低待遇标准相联系；（5）明确列举公平公正待遇的要素。

表 3-3　公平公正待遇条款在中外 BITs 中的具体表述

表述方式		示　　例	
		条　　约	条　　文
概括性规定		《中国—波黑 BIT》（2002）	第 2 条　促进和保护投资 二、缔约一方投资者在缔约另一方境内的投资，应始终被赋予**公正和公平的待遇**并享受充分的保护和安全。缔约一方在任何情况下不得对缔约另一方投资者在其境内投资的扩展、管理、维持、使用、享有和处分采取任何不合理的或歧视性的措施
		《中国—瑞士 BIT》（2009）	第 4 条　保护及待遇 一、缔约一方投资者的投资和收益在缔约另一方领土内应始终享受**公正和公平的待遇**，并享有完全的保护和安全。缔约一方不得以任何方式对该投资的管理、维持、使用、享有、扩大或处置采取不合理或歧视性的措施
与国民待遇或最惠国待遇相联系	同时与国民待遇及最惠国待遇相联系	《中国—伊朗 BIT》（2000）	第 4 条　投资保护 一、缔约一方应对在其领土内投资的缔约另一方的投资者的投资给予充分的法律保护和**公平待遇**，该保护和待遇依照东道国缔约一方的法律和法规在可比较情况下**应当不低于**其给予**本国投资者**或任何**第三国投资者**投资的保护和待遇
	与最惠国待遇相联系	《中国—乌克兰 BIT》（1992）	第 3 条 一、缔约一方应在其领土内保障缔约另一方投资者的投资和与该投资有关的活动受到**公平的待遇**和保护。 二、本条第一款所述的待遇，应**不低于**给任何**第三国投资者**的投资和与投资有关的活动的待遇
		《中国—葡萄牙 BIT》（1992）	第 3 条 一、缔约一方的投资者在缔约另一方领土内的投资和与投资有关的活动应受到**公正与公平的待遇**和保护。 二、本条第一款所述的待遇和保护，应**不低于**给予任何**第三国投资者**的投资和与投资有关的活动的待遇和保护
与国际法相联系		《中国—约旦 BIT》（2001）	第 3 条　投资保护 2.任一缔约方投资者位于另一缔约方领土内的投资或收益，应当根据缔约**双方达成共识的国际法原则**被给予公平公正待遇

（续表）

表述方式	示 例	
	条　　约	条　　文
与国际法相联系	《中日韩 FTA》（2012，至今未落地）	第5条　总体投资待遇 一、缔约一方应当对缔约另一方投资者的投资给予公平公正待遇和充分的保护及保障。"**公平公正待遇**"及"**充分保护及保障**"的概念不要求在依据**公认的国际法规则**给予的任何合理及适当标准的待遇之外或额外给予。对本协定其他条款或者对其他国际协定的违反并不必然导致对本条款的违反
	《中国—法国 BIT》（2007）	第3条　公平和公正待遇 任一缔约方应当根据**普遍接受的国际法原则**给予缔约另一方的投资者在其境内或海域内所作的投资公平和公正待遇
与习惯国际法最低待遇标准相联系	《中国—墨西哥 BIT》（2008）	第5条　最低标准待遇 一、任一缔约方应根据国际法给予另一缔约方投资者的投资以包括**公平公正待遇**和全面的保护和安全在内的待遇 二、为了进一步确定，本条将国际法中外国人最低待遇标准作为给予另一缔约方投资者的投资的最低待遇。"**公平公正待遇**"和"**全面的保护和安全**"并不要求给予**由国家实践和法律确信所确立之国际法**（即习惯国际法）要求给予外国人的**最低待遇标准之外或额外的待遇**。违反本协定其他条款或其他独立的国际协定不构成对本条的违反
明确列举	《中国—乌兹别克斯坦 BIT》（2011）	第5条　公正与公平待遇 一、缔约一方应该确保给予缔约另一方的投资者及在其境内的投资以公正与公平待遇，提供充分保护与保障 二、"**公正与公平待遇**"要求缔约一方不得对缔约另一方投资者粗暴地拒绝公正审理，或**实行明显的歧视性**或**专断性措施**
	《中国—坦桑尼亚 BIT》（2013）	第5条　公正与公平待遇 一、缔约一方应该确保给予缔约另一方的投资者及在其领土内的投资以公正与公平待遇，提供充分保护与保障 二、"**公正与公平待遇**"是指缔约一方不得对缔约另一方投资者**拒绝公正审理程序**，或实行明显的歧视性或**专断性措施**

四、我国 BIT 公平公正待遇条款的发展及特征

从 1982 年我国缔结第 份 BIT 到今天已有 40 余年。在这期间，随着国际投资实践的发展，公平公正待遇条款的规定方式也在发生着变化。

第一，从公平公正待遇这一名词的表述来看，与缔约之初多样化的措辞相比，当前已逐步形成"公平公正待遇"这一固定术语。

第二，从公平公正待遇在 BIT 中的位置安排来看，在 1990 年《中国—土耳其 BIT》终止后，我国已不存在将公平公正待遇单独安排在序言中的情况；同时在序言和正文中作出规定的也仅有 1982 年《中国—瑞典 BIT》、1985 年《中国—丹麦 BIT》和 2001 年《中国—荷兰 BIT》；在多数中外 BITs 中，这一待遇都置于"促进和保护投资"或"待遇条款"条款下，部分 BITs 以"公平公正待遇"为名、将其作为单独的条款予以规定，还有少量 BITs 中，将这一待遇置于"最低待遇标准"或"最惠国待遇"或"国民待遇和最惠国待遇"条款下。

第三，从公平公正待遇内容的表述方式来看，只含有"公平""公正"等词语、不附加其他条件的概括性条款数量最多。大量 BITs 与最惠国待遇、国民待遇（尤其是最惠国待遇）联系密切，将这两项待遇单独或一起作为是否满足公平公正待遇的评判标准。原先将国民待遇或最惠国待遇作为公平公正待遇最低标准的规定方式，已逐步放弃，而是以独立的公平与公正条款取而代之。这说明我国以及缔约相对方对公平公正待遇与最惠国待遇、国民待遇之间的关系的认识有了进步。近些年来，我国的 BITs 实践中出现了意图通过国际法、习惯国际法最低标准待遇及具体列举方式限制公平公正待遇内涵的规定模式。整体来看，这类含限制性条件的条款还只是占少数。

综上可以看出，我国公平公正待遇条款的形式多样、随意性大；我国尚未形成自己的公平公正待遇条款范本，在缔约时更多考虑缔约对方的表述习惯或满足对方的诉求。例如，日本与其他国家的 BITs 中通常没有规

定公平公正待遇，1988 年《中国—日本 BIT》中也没有规定这一待遇。加拿大与墨西哥对外缔结的 BITs 中遵循 NAFTA 第 1105 条及解释，将公平公正待遇限定为习惯国际法最低标准待遇；2008 年《中国—墨西哥 BIT》和 2012 年《中国—加拿大 BIT》中几乎照搬了上述协定中的表述。

五、我国与"一带一路"沿线国家与非"一带一路"沿线国家间 BITs 公平公正待遇条款设置的差异

在我国缔结的 BITs 中，不论缔约对象是"一带一路"沿线国家，还是非"一带一路"国家，对公平公正待遇内容的表述方式最为常见的有两种：概括性地规定；将最惠国待遇作为公平公正待遇的最低标准，从而使其与最惠国待遇相联系。在与上述两类国家缔结的 BITs 中，其关于公平公正待遇内容的表述方式唯一不同地方在于：与习惯国际法最低待遇标准相联系的公平公正待遇仅出现在与非"一带一路"国家缔结的 BITs 中。例如，2008 年《中国—墨西哥 BIT》、2012 年《中国—加拿大 BIT》均采用与习惯国际法最低待遇标准相联系的形式，规定公平公正待遇。

第二节　中外 BIT 公平公正待遇条款的主要缺陷

一、公平公正待遇术语措辞混乱

如前文所示，我国对外缔结的 BITs 中关于"公平公正待遇"这一术语的表述措辞不一致，出现了如"公平合理""公平的待遇"等 7 种不同的表述。从字面上看，"公平""合理""公正"这些词语及其相互之间的组合在意思的表达上并没有实质性区别，都传达了期望对投资者的保护要达到公正的水平。[①]随着实践的发展，"公平公正待遇"逐渐成为固定的术语，

[①]　姬云香：《"一带一路"视域下公平公正待遇条款的修订对策》，《甘肃政法学院学报》2018 年第 1 期。

我们难以预料上述不同的表述是否会使我国在仲裁实践中遭受不利影响。

二、对公平公正待遇性质地位认识不明

从条文的位置安排来看，公平公正待遇曾在 1990 年《中国—土耳其 BIT》中单独出现在序言部分，而序言与正文部分的条款在对缔约国的约束力上是否有差异仍待考究。

另外，我国近半数的 BITs 中都将公平公正待遇规定在"促进和保护投资"条款下，这与将其单独规定为"公平公正待遇条款"，或与国民待遇、最惠国待遇一同置于"投资待遇"下相比，前者更像是一种原则性的规定，而后者则是将其明确为东道国应当给予投资者的一种与国民待遇和最惠国待遇相并列的第三类待遇。在 2007 年《中国—韩国 BIT》中，公平公正待遇就同时出现在"促进和保护投资"与"投资待遇"两个条款之中。[1]

此外，还有部分中外 BITs 将公平公正待遇直接置于国民待遇和/或最惠国待遇以及最低标准待遇之下。多样的位置排放方式则进一步说明我国对公平公正待遇条款缺乏统一的认识，没有对其进行统一的定位。

三、模糊了公平公正待遇与最惠国待遇、国民待遇之间的关系

将公平公正待遇与国民待遇或最惠国待遇相联系的做法模糊了三种待遇之间的关系。我国有超过 1/3 的 BITs 中规定公平公正待遇是给予另一方投资或投资者不低于国民待遇或最惠国待遇。国民待遇与最惠国待遇是国际经济法领域中对待外国人的两个发展得比较成熟的待遇；而公平公正待遇于 1945 年才在《哈瓦那宪章》中首次出现。从本质上来讲，国民待遇与最惠国待遇都是比较型的待遇，在这两种待遇下都有比较对象，国民待

---

[1] 《中国—韩国 BIT》(2007)："第二条　促进和保护投资……二、缔约一方投资者的投资应在缔约另一方境内受到公平和公正对待，享受充分与及时的保护和保障。第三条　投资待遇　一、在扩张、运营、管理、维持、使用、享有、销售和其他对于投资的处理（以下称"投资和商业行为"）方面，每一个缔约方应在其领土内提供给缔约另一方的投资者和他们的投资不低于在相似条件下其提供给其本国投资者和他们的投资的待遇（简称"国民待遇"），投资者在缔约另一方的领土内的投资应始终享受公正与公平的待遇。"

遇是将缔约一方给予缔约另一方投资或投资者的待遇与其给予本国投资者或投资的待遇相比较；最惠国待遇则是将缔约一方给予缔约另一方投资或投资者的待遇与其给予第三国投资或投资者的待遇相比较。因此，缔约一方给予缔约另一方的待遇是否满足上述两项标准必然是需要依据外在的事实和情况来进行判断的。这种比较型待遇强调的是外国投资者与本国投资者或第三国投资者相比，不会受到东道国的歧视。然而，公平公正待遇的出发角度却与此不同，这一待遇的标准来源于"公平"与"公正"的概念，东道国给予外国投资者的待遇是否满足这一标准与东道国是否已经给予该外国投资者国民待遇或最惠国待遇本身并没有关联——因为东道国给予其国民及来自其他最惠国的投资者的待遇完全有可能不够"公平"与"公正"。①

将国民待遇或最惠国待遇作为公平公正待遇的最低保护标准的规定似乎可以有两种解读：

一是只要给予缔约另一方投资者的待遇不低于国民待遇或最惠国待遇即为满足公平公正待遇的要求。这种理解在某些情形下可能会与公平公正待遇的内涵相悖。正如上文所说，相对于公平公正待遇本身的内涵而言，东道国在国民待遇或最惠国待遇下对投资者提供的保护本身可能是不够的。这种情况下将二者作为公平公正待遇的底线，会拉低公平公正待遇的标准。

二是因为在将国民待遇或最惠国待遇与公平公正待遇相联系的条款中，通常是第一款规定东道国给予外国投资者公平公正待遇，第二款再规定这一待遇不得低于最惠国待遇或国民待遇，因此，投资者得到的保护是两种或多种待遇中保护水平较高的那一种待遇的保护。这种解读方式下，虽然从投资者的角度来看，其实际获得的保护利益并不会有所降低，但这种表述模式是对三种待遇之间地位与关系的曲解。来源于"公平"与"公正"概念的公平公正待遇并不是始终都能凌驾于国民待遇或最惠国待遇之

---

① See UNCTAD, Fair and Equitable Treatment, Series on Issues in International Investment Agreement, United Nations, 1999, p.16.

上的，在东道国施行审慎政策或促进本国产业发展时，其本身就可能对本国及他国投资者实施比"公平"与"公正"所要求的充分保护程度要求更高的保护措施。[①]此时，与公平公正待遇相比，国民待遇抑或最惠国待遇本身都会使外国投资者处于更有利的位置。所以在这种情况下，将国民待遇抑或最惠国待遇作为公平公正待遇的最低标准，是对公平公正待遇自身地位与内涵的误读。

尽管最惠国待遇、国民待遇、公平公正待遇三者的内容上可能会存在交叉重叠之处，但这是三种各自出发点不同、彼此独立的待遇；将公平公正待遇与其余任一待遇结合起来规定的方式，都会使得公平公正待遇失去了自身的价值。因此，在实践中，无论一国的国民待遇或最惠国待遇是高于还是等同于公平公正待遇，将前者视为后者的最低标准，都有可能导致对这些标准产生混淆，以及对公平公正待遇内涵的误解；在前者标准低于后者时，还有可能无法充分发挥三项待遇的保护功能，将投资者置于不利地位。

四、公平公正待遇条款内容模糊不清

"公平""公正"本身是语义模糊的词汇，国际社会对东道国的某一特定行为是否达到了"公平"与"公正"的标准迄今尚未形成统一的认识。因此，当纠纷发生时，在条款内涵不明确的情况下，仲裁庭对条款的解释就显得至关重要。就我国现阶段 BITs 总体情况而言，对公平公正待遇仍然以概括性规定的方式、与国民待遇或最惠国待遇相联系的方式存在的居多，通过与国际法结合、与习惯国际法最低待遇标准相结合或是采取列举的方式来明确这一待遇应包含的义务内容等方式来限制公平公正待遇的内容的模式仅在 21 世纪后、数量十分有限的 BITs 中出现。

概括性的规定其标准模糊，且从当前仲裁实践来看，这种情况下仲裁庭的自由裁量权极大，极易对条款内容进行扩大解释。与国民待遇或最惠

---

①　See UNCTAD, Fair and Equitable Treatment, Series on Issues in International Investment Agreement, United Nations, 1999, p.47.

国待遇相联系的条款，若以这两项待遇自身的内容来限定公平公正待遇的边界，则公平公正待遇就失去了其本身的意义；此外，这样的规定方式也并没有给予公平公正待遇的含义更多的限定。在我国目前已完成重新签订的 BITs 中，原先将国民待遇或最惠国待遇与公平公正待遇相联系的模式已不复存在，大多转变为概括性规定的方式。就与国际法相结合模式而言，由于国际法上并没有具体的国家履行公平公正待遇的义务标准，且如前文中提到，国际法渊源广泛，所以在实际效果上，这种表述方式与概括式规定差别不大。虽然如 NAFTA 一般将"公平公正待遇"与"最低待遇标准"相联系释放出了缔约国企图对公平公正待遇本身及仲裁庭对这一条款在解释上的自由裁量权予以限制的信号，以期限定东道国在公平公正待遇下的义务内容；但由于习惯国际法最低待遇标准本身还是一个尚未明确且处于动态发展中的概念，因此该标准也难以担当澄清公平公正待遇内容的重任。[1]在既往其他国家的投资仲裁实践中，有仲裁庭认为这种方式规定的条款和概括式的规定并无本质的不同。[2]采取开放式列举方式的，除了前述的 2008 年《中国—新西兰 FTA》、2008 年《中国—哥伦比亚 BIT》、2019 年《中国—毛里求斯 FTA》。[3]他们的共同之处在于都非排他地单一列举了"不得拒绝司法"这一项具体内容，此外还同时与国际法/习惯国际

---

① 邓婷婷：《国际投资协定中的公平公正待遇研究》，法律出版社 2017 年版，第 41—42 页；梁开银：《公平公正待遇条款的法方法困境及出路》，《中国法学》2015 年第 6 期。

② Deutsche Bank AG v. Democratic Socialist Republic of Sri Lanka，ICSID Case No.ARB/09/2，Award，October 31，2012.

③ 《中国—哥伦比亚 BIT》（2008）："第二条 投资的促进、承认和保护……3.任一缔约方应该根据习惯国际法给予位于其领土内的另一缔约方的投资者的投资以公平公正待遇和全面的保护和安全。4.为进一步明确：a）'公平公正待遇'及'全面的保护和安全'不要求在习惯国际法中外国人最低标准待遇之外给予额外的待遇。b）违反本协定其他条款或其他国际协定不构成对外国人最低标准待遇的违反。c）'公平公正待遇'包括，禁止在刑事、民事或行政程序中根据普遍接受的习惯国际法原则拒绝司法。d）'全面的保护和安全'在任何情况下都不要求给予投资者比东道国国民更好的待遇。"《中国—毛里求斯 FTA》（2019）："第五条 最低待遇标准 一、各方应当依据习惯国际法，为涵盖投资提供公平公正待遇与充分保护和安全。二、为进一步澄清，第一款规定了习惯国际法对外国人的最低待遇标准，作为涵盖投资的最低待遇标准。'公正和公平待遇'和'全面的保护和安全'的概念不要求该标准以外的待遇，也不产生额外的实质性权利。第一款规定的义务有：（一）'公平公正待遇'包括依照法律的正当程序不得在刑事、民事或行政裁决程序中拒绝司法的义务；以及（二）'充分保护和安全'要求各方提供习惯国际法所要求的治安保护水平。"

法最低标准待遇相结合。然而，这一方式也只明确了一项内容，基于其开放式的特性，仍无法确定公平与公正条款的其他具体内容，从而达到有效约束仲裁庭的裁量权的目的。封闭列举的方式因将公平公正待遇的内容明确限定在列举出的事项中，因而具有最强的确定性与可预测性。目前为止，我国仅在 2011 年《中国—乌兹别克斯坦 BIT》和 2013 年《中国—坦桑尼亚 BIT》中采用了此种方式。综上，我国 BITs 中公平公正待遇的内容仍十分模糊、宽泛，具有极强的不确定性。

五、仲裁庭极有可能任意扩大公平公正待遇的内涵

在国际社会没有达成共识的情况下，贸然对公平公正待遇标准进行扩大解释，是对东道国主权的一种侵害。在投资者的保护问题上，应该坚持"国家造法"，而非"法官造法"。笔者认为，对于公平公正待遇标准的适用，若任由国际仲裁庭造法之势泛滥，必将侵害东道国主权。

首先，在公平公正待遇标准的界定上，倘若允许国际仲裁庭造法，实际上是褫夺了国家的国际立法权，违背了国际社会无政府状态的特性。

其次，在公平公正待遇标准的适用上，由国际仲裁庭"造法"，与有关国际法立法理论不符。这是因为，如果国际仲裁庭具有造法的权力，那么其裁决就对后案具有拘束力。然而国际裁判机构的裁决对后案只有说服的效力，不能扮演判例法中先例的角色。按照《国际法院规约》第 38 条第 1 款的规定，判例只是一种用来确立法律原则的辅助性渊源。

再次，虽然法律规则通常都具有一定的模糊性，但一般只是为了应对一些边缘的情形而保有一定的弹性。然而，抽象的公平公正待遇标准，其通常具有不确定性。由各国际仲裁庭造法的结果，必将带来该外资待遇标准适用的不一致性和缺乏可预见性。目前，对于公平公正待遇标准的解释，体现在各国际仲裁庭自由裁量的过程中，显然缺乏统一和有效的规范性基础，从而带来了该外资待遇标准适用的混乱。一些国际仲裁庭依《维也纳条约法公约》第 31 条第 1 款规定解释公平公正待遇条款，事实上根本

无法有效地解决此类条款适用的不确定性问题：一方面，对于公平公正待遇条款约文之"通常意义"，缺乏一致的理解。另一方面，虽然运用对国际投资条约"目的及宗旨"的解释方法，可以缩小对公平公正待遇标准理解的差异，但仍无法将如此宽泛的语言转化对外国投资者的具体保证。既然传统的条约文义解释和目的解释方法对澄清公平公正待遇标准之内容的作用有限，那么诸多国际仲裁庭就可以采取大幅描述案件事实，对法律理由一笔带过的做法，来定夺东道国政府是否违反该项外资待遇标准。

一些学者试图通过建立公平公正待遇标准解释的规范性基础，来提高其适用的可预见性，但这些提议也无法从根本上解决"法官造法"带来的该项外资待遇标准适用的非一致性问题。其中，有的学者提出，公平公正待遇须体现"法治"原则，主张国际仲裁庭应采取比较分析的方法，从国内和国际法院的判决中，总结出各主要国家的国内法体系以及其他领域国际法制度中有关公权力行使的共同特征。[1]显然，这样的方法并未对国际仲裁庭在适用公平公正待遇标准方面的造法权力产生多大的约束作用，反而会为它们通过"比较"的方法堂而皇之地引入西方的国内法标准大开方便之门；另有学者提议，可用一些国际经济法原则来诠释公平公正待遇，而这些国际经济法原则可归纳自国际条约、国际习惯及一般法律原则等主要国际法渊源和相关判例及权威学说等二级国际法渊源，尤其是 WTO 争端解决机制的裁决和其他国际投资仲裁庭的裁决可为提取这些国际经济法原则提供丰富的材料。[2]不难看出，按照该主张，国际仲裁庭对此等国际经济法原则的归纳，仍然需要倚重已有的判例，无形中扩大了裁判者的自由裁量权。[3]

公平公正待遇条款作为投资待遇条款，该条款设计基础是保护投资者

---

[1]　See C. Schreuer. Decisions Ex Aequo et Bono under the ICSID Convention，*ICSID Review Foreign Investment Law Journal*，Vol.11，1996.

[2]　See T. Weiler. NAFTA Article 1105 and the Principles of International Economic Law，*Columbia Journal of Transnational Law*，Vol.42，2003.

[3]　徐崇利：《公平公正待遇标准国际投资法中的"帝王条款"》，《现代法学》2008 年第5 期。

利益，然而，过于扩张的公平公正待遇条款内涵将导致东道国自主的行政管理权限受到不合理的限制。如何平衡投资者私人利益以及东道国公共利益，也是在国际投资条约设计过程中需要考虑的问题。

在晚近的国际投资争端仲裁实践中，仲裁庭通过对公平公正待遇的扩张解释，偏袒外国投资者，使得利益的天平在东道国与外国投资者之间严重失衡。在解决国际投资争端时，一些仲裁庭采取的是私人之间国际商事纠纷仲裁的模式。基于这种解释模式，东道国与外国投资者之间管理与被管理的公法关系被异化为双方之间平等的商事关系。这就改变了国家权力和责任的性质，从而将国家降到了私人当事方的地位，或曰把外国私人投资者抬升到了与国家平等的准主权者的地位。于是，东道国政府的各种社会公共利益淡出了国际仲裁员们的视线，在他们的眼中只剩下了对私人（外国投资者）利益的保护。其结果是，把公法意义上的管理性国际投资争端作为私法意义上的纠纷加以解决，运用的是侵权行为必然导致赔偿责任的逻辑。

从国际投资争端的性质来看，对公平公正待遇的解释，应当采取的是国内公法的解释模式。在这种解释模式下，不能以跨国商事纠纷仲裁的理念置东道国与外国私人投资者于同等地位，而是要考虑东道国作为主权者和管理者的特质，即拥有平衡各种利益之公共权力、公共权威和公共责任。[①]东道国为了鼓励外资流入而对外国投资者提供保护，不可能以牺牲本国政府的优先目标（如经济发展、社会稳定、公共健康和保护环境等）为代价。如何平衡投资者私人利益以及东道国公共利益，也是在国际投资条约设计过程中需要考虑的问题。

第三节　中欧全面投资协定概况

2020 年 12 月 30 日，中国国家主席习近平、欧盟轮值主席国德国总理

---

① 徐崇利：《公平公正待遇：真义之解读》，《法商研究》2010 年第 3 期。

默克尔、法国总统马克龙、欧洲理事会主席米歇尔和欧盟委员会主席冯德莱恩，通过视频会晤共同宣布如期完成中欧全面投资协定（China-EU Comprehensive Investment Agreement，CAI）的谈判工作。在此次视频会晤上，习近平主席强调："中欧作为全球两大力量、两大市场、两大文明，应该展现担当，积极作为，加强对话，增进互信，深化合作，妥处分歧，携手育新机、开新局。协调抗疫行动，共促经济复苏，对接发展战略，加快绿色发展，推动多边合作。中欧投资协定将有力拉动后疫情时期世界经济复苏，促进全球贸易和投资自由化便利化，增强国际社会对经济全球化和自由贸易的信心，为构建开放型世界经济作出中欧两大市场的重要贡献。"①时任商务部条法司司长李詠箑表示："中欧投资协定致力于制度型开放，协定的一个主要方面就是市场准入的承诺，通过市场准入的承诺，将为中欧双方企业带来更多的投资机会。此外协定还包括公平竞争规则，可以为双方企业提供更好的营商环境。"②

在欧盟委员会官网公布的中欧 CAI 现行文本中，中欧 CAI 包括序言及六大章节，分别是：第一章"目标和一般定义"、第二章"投资自由化"、第三章"监管框架"、第四章"投资和可持续发展"、第五章"争端解决"、第六章"机制和最终条款"。除此之外，与之一同公布的还有第三章附件"补贴的透明度"、第五章附件一"国与国之间争端解决程序规则"与附件二"仲裁法庭成员和国与国之间争端调解员行为准则"。

首先，中欧 CAI 序言指出，尊重缔约方基于合法公共政策目标而采取措施的权利；重申缔约方将遵守其在《联合国宪章》和《世界人权宣言》中做出的承诺；决心依据可持续发展目标加强双方经济、贸易和投资关系，并且通过倡行高水平的环境保护和劳工权利保护标准，包括共同应对

---

① 习近平：《2021 年中欧要担当作为开新局》，新华网官网：http://www.xinhuanet.com/politics/leaders/2020-12/30/c_1126929023.htm，访问日期 2024 年 2 月 4 日。

② 王砚峰、王山：《中欧全面投资协定的基本信息》，中国社会科学院经济研究所官网：http://ie.cass.cn/academics/economic_trends/202101/t20210111_5243669.html，访问日期 2024 年 2 月 4 日。

气候变化、反对强迫劳动，来促进投资；承诺将促进跨国公司承担企业社会责任，开展负责任的投资。此外，中欧 CAI 第一章"目标和一般定义"第 1 条第 2 款明确，缔约方再次确认在其领土范围内享有监管权以实现合法政策目标，例如保护公共健康、社会服务、公共教育、安全、环境（包括应对气候变化）、公共道德、社会安全或消费者保护、隐私及数据保护、保护文化多样性。

其次，中欧 CAI 第二章"投资自由化"，关于市场准入采用"准入前国民待遇＋负面清单"模式，中方首次在包括服务业和非服务业在内的所有行业以负面清单形式作出承诺，实现与《外商投资法》确立的外资负面清单管理体制全面对接。欧方表示，中国在中欧协定中承诺欧盟投资者的市场准入将达到"前所未有的水平"，欧盟在华经贸活动的安全性以及可预见性将得到改善。欧方也在协定中对我国承诺其较高的市场准入水平。此外，针对本身不歧视外资、但对企业设立运营造成重大影响的市场准入限制，双方承诺在大多数经济领域不对企业数量、产量、营业额、董事高管、当地研发、出口实绩、总部设置等实施限制，并允许与投资有关的外汇转移及人员入境和停居留。关于国民待遇和最惠国待遇，条约明确国民待遇和最惠国待遇不适用于构成 TRIPS 第 3 条和第 4 条例外的任何措施。此外，最惠国待遇条款不适用于争端解决，缔约方与第三国所订条约中的实体性条款也不属于最惠国待遇范畴。关于公平公正待遇，中欧 CAI 未作规定。

再次，中欧 CAI 第四章"投资与可持续发展"，专门回应了国际投资与可持续发展的互动关系，具有创新性、引领性和示范意义。双方在第 1 条就明确，重申与可持续发展有关的国际法律文件，尤其是 1992 年里约环境与发展会议《二十一世纪议程》、2002 年世界可持续发展峰会《约翰内斯堡执行计划》、2006 年联合国经社理事会有关就业和体面工作的《部长宣言》、2008 年国际劳工组织《关于争取公平全球化的社会正义宣言》、2012 年联合国可持续发展会议《我们憧憬的未来》、联合国《2030 年可持续发展议程》和 2019 年国际劳工组织《关于劳动世界的未来百年宣言》等，促进投资以实现可持续发展目标，提升当代人和后代人的福祉，确保可持续发展理念已经嵌入双边投资关系。关于企业社会责任，双方承认企业社会责任和负责任的投资在可持续发展方面发挥的重要作用，同意促进负责任的投资，包括鼓励企业自愿承担相关义务，遵守相关指南和原则（例如联合国《全球契约》、联合国《工商企业与人权指导原则》、国际劳工组织《关于多国企业和社会政策的三方原则宣言》以及 OECD《多国企业指导纲领》）。关于投资与环境，双方确认其拥有决定可持续发展政策的主权权利，以建立本国环境保护标准，或为履行国际义务制定、修改相关法律。但是不得以歧视性的方式实施本国环境法律。双方认可 UNEP 等国际组织以及多边环境条约在应对全球环境挑战方面的价值和作用，同意以对话和合作的形式在现有双边、多边框架下增强投资政策与环境政策的互相支撑。双方鼓励和提倡在环境产品和服务、生态友好型产品和服务、可再生能源、低碳技术、节能产品和服务等方面的"绿色投资"。关于投资与劳工，双方强调不欢迎低于国内法律规定的劳工保护标准的投资。与此同时，双方应当尽力提升国内法律中的劳工保护标准，履行国际劳工组织成员义务，以非歧视的方式实施国内劳动法，尽可能使公民获得体面工作。关于争端解决，凡与"投资与可持续发展"章节相关的争议，争端方不可以诉诸第五章规定的国家间争端解决机制，只能依据本章中的争端解决条款处理争端。争端解决方式包括磋商、双方同意的解决方式。在启动磋商后的 120 天内仍然无法解决争议的，争端方可以要求组建专家组。专家人选从双方提交的专家组名单中产生，一共 3 名。这些专家必须具有国际劳动法律、国际环境法律和国际贸易、投资法律的专业知识。专家组必须依据《维也纳条约法公约》中有关条约解释的习惯国际法规则，解释相关条款，充分考虑条约所追求的可持续发展目标。专家组应当自组建之日起 150 天内出具专家组中期报告，争端方有权在收到报告后的 10 天内发表意见，专家组应当自组建之日起 180 天内，发布最终裁定。在审理过程中，专家组的工作应当保持透明度，并且接纳第三方参与制度。

最后，中欧 CAI 第五章"争端解决"，既未采纳传统投资条约通常采用的 ISDS 机制，也未采纳 CETA 中的投资法庭模式，而是选择国家间争端解决机制。这可能是因为双方对 ISDS 机制改革问题上存在分歧，欧方推行 ICS 并且意图建立多边投资法庭，中方支持在现有 ISDS 基础上完善其缺陷之处。中欧 CAI 第五章规定的争端解决方式包括：磋商、调解以及双方同意的其他解决方式。如果双方无法通过磋商解决争议，可以要求组建仲裁庭。仲裁员人选从双方提交的专家名单中产生，一共 3 名。这些专家必须具备国际贸易法、国际投资法相关专业知识。仲裁庭必须依据《维也纳条约法公约》中有关条约解释的习惯国际法规则，解释相关条款。经争端方申请，仲裁庭可以暂停工作，但暂停时间不得超过 12 个月，以便争端方就争议发表意见。仲裁庭应当自组建之日起 150 天内出具仲裁庭中期裁决，争端方有权在收到报告后的 10 天内发表意见，仲裁庭应当自组建之日起 180 天内，发布最终裁决。在审理过程中，仲裁庭的工作应当保持透明度，仲裁员具有独立性和公正性，接纳第三方参与制度。值得注意的是，中欧 CAI 还特别处理了本条约项下国家间争端解决机制，和诸如 WTO 框架下的国家间争端解决机制。条约指明如果投资争议系争端方违反其他国际条约义务引起的，包括 WTO 法律体系，争端方只能选择一种解决方式。一方一旦选定争端解决"场所"（forum），该机制即对争议拥有排他性管辖权，除非该机制裁定其本身不具有管辖权。

第四章 "一带一路"国家涉 FET 典型仲裁实践

第一节 Saluka 公司诉捷克案

一、基本案情

(一)案件基本信息

表 4-1　Saluka v. Czech 案基本信息

仲裁庭	国际常设仲裁院(PCA)仲裁庭
裁决时间	2006 年 3 月 17 日
案号	ICGJ 368(PCA 2006)
关键词	银行私有化;非歧视待遇;合理期待;公平公正待遇
当事人	申请人:Saluka 公司 被申请人:捷克

(二)案情简介

本案是在捷克银行部门重组和私有化过程中发生的。捷克政府通过将所持国有股份出售给 Nomura 集团的方式完成了捷克一家主要银行——IPB 的私有化。Nomura 集团是日本一家大型商业银行和金融服务集团公司,它通过在不同国家设立的子公司开展业务。随后,Nomura 将其所购买的 IPB 的股份卖给了其在荷兰的一家子公司——Saluka 投资公司。本案申请人是荷兰 Saluka 公司,被申请人是捷克共和国。①

---

① Saluka Investments BV v. The Czech Republic, Partial Award, ICGJ 368(PCA 2006), 17th March 2006, paras.1—2.

1994 年，原捷克斯洛伐克联邦共和国中央银行体系中的不同部门分立成为捷克四大国有商业银行，分别是 CS、KB、CSOB、IPB。捷克的银行业由捷克国家银行（Czech National Bank，CNB）监管。随后，捷克政府开始大规模的私有化活动——即将国有企业转化为股份制公司，并将国有企业的股份以盘价出售给捷克公民。这一私有化活动计划于 1995 年结束。然而，对于一些规模更大、更具战略性地位的企业，只有部分股权被私有化。这些战略性企业的大量股份仍是国家机构——国家财产基金（National Property Fund，NPF）持有，其中包括四大银行——CS、KB、CSOB、IPB。捷克政府（直接或间接地）保留了这四大银行的控制权，其在 CS 持股比例约为 45％、在 KB 持股比例约为 48.75％、在 CSOB 持股比例约为 46％、在 IPB 持股比例约为 36％。1998—2001 年，捷克政府出售了上述持股，实现了四大银行的私有化。[①]

1998 年 2 月 3 日，IPB 在荷兰设立了特殊目的公司 Saluka。该公司为荷兰慈善信托基金所有，由全国管理服务公司管理。Nomura 欧洲公司在完成对 IPB 股份的收购后，根据《股份购买协议》和 CNB 的批准，将其所持有的 IPB 股份分两批转让给 Saluka。Saluka 以支付期票的方式购买上述股份，这些期票设立了股权质押担保。

2000 年 6 月 15 日，捷克证券委员会发布临时禁令，暂停了 IPB 的股票交易。同天晚上，捷克政府开会讨论了 IPB 的情势，通过了第 622 号决议，决定对 IPB 采取行政管理措施，并在给予政府保证的情况下出售给战略投资人 CSOB。2004 年 2 月，IPB 宣布破产，CSOB 成为 Saluka 在 IPB 所占股份的新持有者。[②]

二、双方争议焦点

《荷兰—捷克 BIT》第 3.1 条中规定了"公平公正待遇"：每一缔约方

---

① Saluka Investments BV v. The Czech Republic, Partial Award, ICGJ 368 (PCA 2006), 17th March 2006, paras.32—35.

② Ibid., paras.135—163.

都应确保公平和公正地对待另一缔约方投资者的投资，不得以不合理或歧视性措施损害这些投资者对投资的经营、管理、维护、使用、享有或处置。在本案中被申请人的行为是否违反了公平公正待遇条款这一问题上，双方当事人对公平公正待遇这一标准本身的含义及捷克政府的某些行为是否构成了对这一待遇标准的违反这两方面的理解产生了争议。

（一）"公平公正待遇"标准的含义

双方一致认为，公平公正待遇标准法律含义的确定应由仲裁庭根据所有相关情况来决定。如仲裁庭在 Mondev 案中所述："对什么是公平公正的判断不能抽象地达成，它必须取决于具体案件中的事实。"①然而，双方当事人对违反公平公正待遇标准的门槛存在分歧。②

申请人认为这一标准是一种具体的且自发的条约标准。由于《荷兰—捷克 BIT》没有作任何限制，因此应当广义解释何为公平公正待遇。申请人的依据是 Pope & Talbot 诉加拿大案，该案中仲裁庭指出，给予投资者公平公正待遇不等于投资者仅能就"极其不公平"的行为寻求保护，而是旨在确保"使其免受政治风险或不公平待遇事件的友好氛围"。③申请人称，由于《荷兰—捷克 BIT》第 3.1 条并没有规定违约行为需要达到任何不合理的高门槛，所以必须对其进行足够宽泛的解释，以便达到鼓励投资者在东道国设立投资的目的。

申请人赞成仲裁庭在 Waste Management 诉墨西哥案中确定的标准，并认为即使在当前情形下，该标准仍然可以作为一个有益参考。该案仲裁

---

① Mondev International Ltd. v. United States of America，Award，ICSID Case No. ARB (AF) /99/2, 11th October 2002，para.118；see also Waste Management, Inc. v. United Mexican States，Award，30th April 2004 and MTD Equity Sdn. Bhd. and MTD Chile S.A. v. Republic of Chile，Award，ICSID Case No. ARB/01/7，25th May 2004.

② Saluka Investments BV v. The Czech Republic，Partial Award，ICGJ 368（PCA 2006），17th March 2006，para.285.

③ Pope & Talbot Inc. v. Government of Canada，UNCITRAL，Award，10th April 2001；Lauder v. Czech Republic，Award，3rd September 2002，para.292；CME Czech Republic BV（The Netherlands）v. Czech Republic，Partial Award，13th September 2001，para.611.

庭认为，如果政府的行为"是专断的、严重不公平的、不公正的或特殊的，是歧视性的且使申请人面临地区或种族偏见，或涉及缺乏正当程序导致违反司法正当性——如在司法程序中明显缺乏自然正义或在行政程序中完全缺乏透明度和公正"，那么该行为就违反了 NAFTA 第 1105 条规定的公平公正待遇标准。①

被申请人辩称《荷兰—捷克 BIT》第 3.1 条规定的公平公正待遇实际上是习惯国际法下的"最低标准"。被申请人的依据是 Genin 诉爱沙尼亚案的裁决。该案中仲裁庭解释公平公正待遇标准实质上是"最低标准"，违反这一最低标准的行为包括故意玩忽职守的行为、远远低于国际标准的行为，或者是主观恶意。②在相关门槛的界定问题上，被申请人还提请仲裁庭参考习惯国际法最低标准的历史发展，尤其是 Neer 案。Neer 案中，仲裁庭认为要构成国际不法行为，需要达到暴行、恶意、故意玩忽职守，或者政府的行为远低于国际标准以至于每一个理性和公正的人都能够认识到它的不足的程度。③被申请人进一步主张应由仲裁庭来决定。在这种情况下，所涉政府行为是否是故意犯错、具有实际恶意的或行为过分出格以至于国际社会理性成员都无法为其辩护。④

（二）公平公正待遇标准的适用

1. 捷克政府在坏账问题上是否存在歧视

申请人认为，鉴于 1998—2000 年导致捷克银行业严重困难的"系统性"坏账问题对四大银行（即 CS、KB、CSOB、IPB）造成了同样的影响，捷克在帮助这些银行解决此问题的过程中，以不合理的方式区别对待 IPB，让 IPB 无法生存，特别是给予 IPB 的竞争对手国家援助而将 IPB 排

---

① Waste Management，Inc. v. United Mexican States，Award，30th April 2004，para.98；Saluka Investments BV v. The Czech Republic，Partial Award，ICGJ 368（PCA 2006），17th March 2006，paras.286—288.

② See Alex Genin，Eastern Credit Limited，Inc. and A.S. Baltoil v. The Republic of Estonia，Award，ICSID Case No. ARB/99/2，25th June 2001，para.367.

③ USA（L.F. Neer）v. United Mexican States，21 AJIL 555，1927.

④ Saluka Investments BV v. The Czech Republic，Partial Award，ICGJ 368（PCA 2006），17th March 2006，paras.289—290.

除在外，这导致了 Saluka 的投资损失。①

被申请人认为 IPB 与四大银行中的另外三家不具有可比性。因为 IPB 已经被私有化了，而捷克政府仍然在 CS、KB 和 CSOB 中持有大量股份。此外，IPB 的财政困难是因其管理不善以及不负责任的贷款行为所致。被申请人认为其对 IPB 采取区别对待的措施是合理的，原因如下：其一，被申请人未曾向申请人保证在其他银行私有化过程中不提供使他们摆脱不良贷款组合问题的任何前期帮助；其二，Nomura 在收购前已经进行了充分的尽职调查，已经意识到收购 IPB 股份的风险，因此没有理由期待捷克政府为 IPB 提供国家财政来解决其未来会遇到的问题；其三，被申请人向其他银行提供财政援助只是作为股东在尽责，申请人是 IPB 中占支配地位的股东，因此申请人应该自己通过提供必要的额外资本来挽救 IPB；其四，被申请人给 IPB 对手财政援助，属于被申请人实施其私有化政策的自由裁量权的范围；其五，向 IPB 提供财政援助的受益人是其私人股东，向其他三家银行提供财政援助的受益人是政府本身；其六，IPB 在 2000 年 4 月前从来没有表达过自己想要得到国家财政援助的意愿；其七，致使 IPB 破产及被采取强制措施的原因主要在于其自身不负责任的商业策略。②

2. 捷克政府是否提供了一个可预期的和透明的体制

申请人认为捷克政府行为不符合可预测性和透明性原则，并通过以下方式使其期待落空：一是对处于危机中的银行部门施行自相矛盾的政策和发布误导性声明，以及以 IPB 已经完全私有化为由将其排除在国家财政援助之外；二是不可预计地增加不良贷款拨备负担；三是使银行缺乏有效的机制来对贷款担保强制执行。③

被申请人认为，Nomura 在收购 IPB 股份时就已经知悉第 622 号决议的部分内容，其他内容显然也是可以预见的。因此，其没有因未能确保可

---

① Saluka Investments BV v. The Czech Republic, Partial Award, ICGJ 368 (PCA 2006), 17th March 2006, para.312.

② Ibid., para.318, paras.328—342.

③ Ibid., para.349.

预期性和透明性而违反公平公正待遇下的义务。①

3. 捷克政府是否和申请人进行了善意磋商

申请人认为，Saluka/Nomura 及 IPB 积极地为 IPB 所面临的问题寻找解决方法，捷克政府却拒绝就 IPB 及其股东的提议善意地与其磋商。捷克政府和 CNB 串通且有意偏袒欲收购 IPB 业务的 CSOB。捷克政府在与 IPB 及其股东谈判的同时，还充当了 CSOB 接管 IPB 业务计划的帮手。根据"巴黎计划"，IPB 的业务将以强制管理为由移交给 CSOB。申请人认为，捷克政府的这种行为是不合理和歧视性的。②

被申请人称申请人的主张是没有依据的。捷克政府既没有串通行为，也没有偏袒 CSOB，未损害 IPB 及其股东的利益。被申请人否认上述预谋的"巴黎计划"的存在，并称是由于 IPB 无法满足其银行业务的监管要求 CNB 才被迫采取强制管理措施的。此外，IPB 的银行业务被移交给 CSOB 的原因是没有其他有能力且已经准备好立马介入拯救 IPB 业务的战略投资者。③

4. 捷克政府在 CSOB 收购 IPB 后向其提供援助是否违反公平公正待遇

申请人认为在 IPB 被采取强制管理措施、财政援助的受益人变为 CSOB 后，捷克政府立马非法向 IPB 提供大量的财政援助，这一行为违反了公平公正待遇标准。

继 2000 年 6 月 15 日政府第 622 号决议后，2000 年 6 月 19 日财政部对所有转移到 CSOB 的表内和表外资产做出无限制和无条件的担保；CNB 也与 CSOB 签署了一个协议，据此 CNB 承诺就与收购 IPB 业务有关的其他潜在风险对 CSOB 进行补偿。因此，这一由强制措施管理人实施的交易既为 CSOB 提供了充分担保，CSOB 无需为其特许权价值支付任何实质性款项。

---

① Saluka Investments BV v. The Czech Republic, Partial Award, ICGJ 368 (PCA 2006), 17th March 2006, para.355.

② Ibid., para.361.

③ Ibid., para.362.

基于皮埃特·扬·斯洛特（Piet Jan Slot）教授的专家证据，申请人主张上述政府保证和 CNB 补贴属于政府援助，违反了《捷克公共援助法案》，也违反了捷克在 1993 年 10 月 4 日与欧共体签订的《欧洲协定》（《欧洲共同体及其成员国与捷克共和国之间建立联盟的欧洲协定》，以下简称《欧洲协定》）中的义务，其第 64 条规定："下列情况与《欧洲协定》的正常运作相矛盾，因为它们可能影响共同体与捷克共和国之间的贸易……（iii）任何通过支持某些企业或某些产品的生产而扭曲或可能扭曲竞争的任何公共援助。"

2000 年 6 月 19 日，保护经济竞争办公室（Office for the Protection of Economic Competition，OPC）通过决议豁免了政府向 CSOB/IPB 提供财政援助，理由是：这是"重组援助"。特别是，这是用于对捷克"严重动荡"的经济进行补救的援助，这与欧共体委员会在其《拯救和重组援助指南》中解释的《欧洲协定》的内容是一致的。申请人质疑这一决议的有效性，因为这一援助并不足以构成"重组援助"或是用于对"严重动荡"进行补救的援助，且 OPC 不具有独立性，这也违反了《公共援助法案》的程序性规则。此外，在 OPC 的豁免决定生效之前，政府就已经违法向 COSB/IPB 提供援助。

申请人还强调，在任何情况下，OPC 的豁免决定都应当根据财政部提交的 IPB 的重组计划、有关援助的初步资料和有关援助的最终资料作出。而财政部实际上没有遵守此种要求，因此又一次违反了《公共援助法案》，OPC 并没有对该行为进行适当的处罚。

综上所述，申请人认为捷克政府非法提供国家援助，且不遵守程序性规定致使违反了提供国家援助的禁止性规定，这违反了其在《欧洲协定》中的义务，并且构成了违反《荷兰—捷克 BIT》第 3.1 条公平公正待遇标准的初步证据。①

---

① Saluka Investments BV v. The Czech Republic, Partial Award, ICGJ 368（PCA 2006），17th March 2006, paras.433—438.

基于尤尔根·巴塞多（Jürgen Basedow）教授的专家证言，被申请人就《欧洲协定》国家援助规则的适用问题，对仲裁庭的管辖权提出了异议。《欧洲协定》的实体性规则不是"直接适用"（自动执行）的，因此仲裁庭不应审查捷克政府对 CSOB/IPB 的财政援助行为在《欧洲协定》下的合法性。仲裁庭仅有权审查这一援助行为在程序上的合法性。[①]

三、仲裁庭观点

（一）"公平公正待遇"标准的含义

首先，仲裁庭对双方当事人的主张分别发表了看法。对照被申请人的主张，仲裁庭认为习惯国际法最低标准在任何情况下都对国家具有约束力，属于向外国投资者提供的最低限度的保证，即便该国原则上奉行反对外国投资的政策时也是如此。在这种情况下，"公正和公平待遇"的最低限度标准实际上只能为投资者提供"最低限度的"保护。因此，要违反这一标准，国家的行为就必须表现出较高程度的不适当性。对照申请人的主张，仲裁庭指出双边投资条约用以促进缔约方之间外国直接投资活动，公平公正待遇标准实则是对外国投资者作出的激励性保证。因此，要违反这一标准，国家的行为只要展现出较低程度的不适当性就足矣。[②]

无论习惯标准和条约标准有何不同，本案中仲裁庭仅对《荷兰—捷克 BIT》第 3.1 条中的公平公正待遇标准进行解释。该条款没有明确提到习惯国际法下的最低标准。因此，对第 3.1 条的解释就不会遇到如 NAFTA 等明确将公平公正待遇与习惯国际法最低标准相挂钩的条约在解释上可能产生的困难。避免这些解释上的困难甚至可以被视为是条约中不提及习惯国际法最低标准的根本目的。这清楚地表明了《荷兰—捷克 BIT》第 3.1 条规定的"公正和公平待遇"的自主性特征。[③]

---

① Saluka Investments BV v. The Czech Republic，Partial Award，ICGJ 368（PCA 2006），17th March 2006，para.439.

② Ibid.，paras.292—293.

③ Ibid.，para.294.

其次，仲裁庭不同意被申请人所称《荷兰—捷克 BIT》第 3.1 条隐含地纳入了习惯国际法最低标准。被申请人所依据的 Genin 案不能支持这一主张。在 Genin 案中，仲裁庭认为双边投资条约的公平公正待遇标准提供了"一种脱离东道国国内法的基本标准"，要求东道国向外国投资者提供不低于某一最低限度的待遇，在任何情形下，这里的最低限度都是与缔约国国内法中可能存在的任何更低限度的待遇无关。另外，Genin 案仲裁庭没有依据 Neer 案确定违反公平公正待遇标准的门槛，并且指出 Neer 案中的规则反映了传统的、但不一定是当代的习惯国际法最低标准的定义。①

为了说明公平公正待遇的具体内容，仲裁庭根据 1969 年《维也纳条约法公约》有关条约解释的规则对《荷兰—捷克 BIT》第 3.1 条的内容进行了解释。②这些规则属于习惯国际法。《维也纳条约》第 31.1 条要求："条约应依其用语按其上下文并参照条约之目的及宗旨所具有之通常意义，善意解释之。"③

1. 通常意义

公平公正待遇的"通常意义"只能用几乎同样含糊不清的用语来界定。在 MTD 案中，仲裁庭认为："'公平'和'公正'两词的通常意思是'正当的'（just）、'不偏不倚的'（evenhanded）、'无偏见的'（unbiased）、'正当合理的'（legitimate）。"④

在如此相似的定义的基础上，仲裁庭认为只能按照 S.D. Myers 诉加拿大案仲裁庭的观点来理解，即违反这一标准要求"东道国行为十分的不公正或武断，以致这种行为上升到了从国际角度来看是不可接受的程度"⑤。

---

① Saluka Investments BV v. The Czech Republic, Partial Award, ICGJ 368（PCA 2006），17th March 2006，para.295.

② Vienna Convention on the Law of Treaties, May 23, 1969, 1155 UNTS 331.

③ Saluka Investments BV v. The Czech Republic, Partial Award, ICGJ 368（PCA 2006），17th March 2006，para.296.

④ MTD Equity Sdn. Bhd. and MTD Chile S.A. v. Republic of Chile, ICSID Case No. ARB/01/7, para.113.

⑤ S.D. Myers Inc. v. Canada, UNCITRAL, First Partial Award, 13 November 2000, para.263.

这是在阅读《荷兰—捷克 BIT》第 3.1 条的条款内容后从通常意义上可以得出的解释。①

2. 上下文

《荷兰—捷克 BIT》第 3.1 条中的"公平和公正"用语的语境是指缔约一方对缔约另一方投资者的投资所给予的待遇水平。在更广泛的范围内来看第 3.1 条与《荷兰—捷克 BIT》的其他条款也有关联。在《荷兰—捷克 BIT》序言中，缔约方"认识到关于给予这类投资待遇的协议将促进资本和技术的流动以及缔约双方的经济发展，并认为应当给予公平公正待遇"。因此，序言部分将公平公正待遇与激励外国投资和缔约国双方经济发展直接地联系了起来。②

3. 条约的目的和宗旨

保护外国投资不是《荷兰—捷克 BIT》的唯一目标，而是与鼓励外国投资以及扩大和加强缔约国经济关系的总体目标并立的一项必要内容。这反过来又要求仲裁庭在解释《荷兰—捷克 BIT》关于保护投资的实质性规定时采取平衡的方法，因为夸大对外资保护的解释可能会影响东道国接受外国投资，从而破坏扩大和加强缔约双方经济关系的这一总体目标。

从这个角度看，《荷兰—捷克 BIT》中的公平公正待遇应该被理解为这样一种待遇：即使不积极地激励外国投资资本的流入，至少也不会构成对外国投资者的抑制而阻止外国资本的流入。投资者投资的决定是基于对投资时的法律状况和整个商业环境的评估，以及期待东道国会实施公平公正的外资监管行为作出的。

因此，公平公正待遇标准与合理期待这一概念紧密联系在了一起，并且合理期待是这一标准的主要内容。因此，根据《荷兰—捷克 BIT》第 3.1 条规定的公平公正待遇标准，捷克政府应当履行相应义务来避免投资者的合法和合理期待受挫。如 TECMED 诉墨西哥案中仲裁庭认为，提供公平

---

① Saluka Investments BV v. The Czech Republic, Partial Award, ICGJ 368（PCA 2006），17th March 2006，para.297.

② Ibid.，para.298.

公正待遇意味着："向投资者提供不影响其进行投资时所考虑的基本预期的待遇。"①同样地，在 CME 诉捷克案中，仲裁庭认为捷克政府"破坏了诱使外国投资者作出投资所依赖的安排，违反了公平公正待遇义务"②。在 Waste Management 诉墨西哥案中，仲裁庭同样指出："在适用公平公正待遇标准时，应当考察东道国是否违反了其所做出的且为投资者所信赖的陈述。"③

外国投资者的合理期待当然包括东道国遵守诸如善意、正当程序和非歧视等既定的基本标准。在 OEPC 案中仲裁庭还认为"法律和商业框架的稳定性是公正和公平待遇的一项基本要素。"④

然而，尽管本案仲裁庭总体上赞成上述仲裁庭的论述，也指出不应过分从字面上理解这些措辞，否则会给东道国施加不适当且不切实际的义务。此外，《荷兰—捷克 BIT》保护外国投资免受不公平和不公平待遇的范围不能完全由外国投资者的主观动机来决定。他们的期望必须根据具体情况达到具备合法性和合理性的水平，比如投资者不应当认为投资时的情况会一直完全保持不变。为了确定对外国投资者期待的挫败是否正当且合理的，还必须将东道国为了公共利益而管理国内事务的合法权力考虑在内。正如 S.D. Myers 诉加拿大案仲裁庭所述，在确定东道国违反"公平公正待遇"时，"必须考虑到国际法对国内当局管理本国境内事务给予了高度尊重"。⑤

因此，要确定捷克违反《荷兰—捷克 BIT》第 3.1 条，需要权衡申请人的合法和合理期待与被申请人的合法监管利益。

---

① Tecnicas Medioambientales Tecmed SA v. The United Mexican States，ICSID CASE No.ARB（AF）/00/2，Award，May 29 2003，para.154.

② CME v. Czech Republic，UNCITRAL，13th September 2001，para.155.

③ Waste Management Inc v. United Mexican States，ICSID Case No ARB（AF）/00/3，Award，April 30 2004，para.98.

④ Occidental Exploration and Production Company（OEPC）v. Ecuador，LCIA Case No.UN3467，Award，1st July 2004，para.183.

⑤ S.D. Myers Inc. v. Canada，UNCITRAL，First Partial Award，13 November 2000，para.263.

为《荷兰—捷克 BIT》所保护的外国投资者在任何案件中都可以合理地期待捷克会善意地实施其政策。其做出的影响投资者投资的决定应具有公共政策上的正当性，并且没有明显违反一致性、透明度、公平性和非歧视的要求。特别是对外国投资者的任何差别待遇不应基于不合理的差别和要求，而且必须证明这种差别待遇与理性的政策之间有合理的关系。

最后，从仲裁实践中可以看出，根据公平公正待遇标准，东道国不能无视正当程序原则，必须给予投资者免受监管当局的胁迫或骚扰的自由。[1]

4. 结论

《荷兰—捷克 BIT》第 3.1 条规定的公平公正待遇标准是一项自主标准，根据条约目的和宗旨，它必须被解释为避免捷克的行为对外国投资者造成明显的抑制。因此，在不损害捷克采取措施保护公共利益的合法权力的基础上，捷克政府不应挫伤投资者潜在的合法合理期待。举例而言，投资者有权期待捷克政府不会采取明显不一致、不透明、不合理（如与某些理性政策无关）或歧视（如基于不合理的区别）的行动。在适用这一标准时，仲裁庭将考虑到所有有关的情况。[2]

(二) 公平公正待遇标准的适用

捷克政府在坏账问题上存在歧视

仲裁庭指出，如果在类似情况下，投资者被区别对待，且东道国没有就这一区别对待给出合理理由，这样的政府行为就具有歧视性。

(1) 四大银行在坏账问题上具有可比地位。申请人认为，在过渡时期，四大银行对于国家宏观经济的重要性及其受到系统性坏账问题的影响程度而言，四大银行处于可比地位。四大银行的另一个共同点是，都受到 CNB 日益严格的监管，需要大幅增加贷款损失拨备。因此，从长期来看，这些银行都无法动用股东权益来填补损失。超过一定限度后，所有银行的生存都有赖于捷克政府某种形式的援助。申请人着重强调 1998—2000 年间四大

---

① Saluka Investments BV v. The Czech Republic，Partial Award，ICGJ 368（PCA 2006），17th March 2006，paras.299—308.

② Ibid.，para.309.

银行不良贷款问题的"系统性"性质。申请人还提到《国际货币基金组织（IMF）报告》中，将"系统性"的问题定义为受影响的银行总计至少持有银行系统存款总额的 20%。

被申请人认为 IPB 与四大银行中的另外三家不具有可比地位。被申请人强调，IPB 已经被私有化了，而国家仍然在 CS、KB 和 CSOB 中持有大量股份。此外，IPB 的财政困难是因其管理不善以及不负责任的贷款行为所致。申请人还提到，根据 CNB 于 2000 年 2 月 25 日出具的审查报告，IPB 内部组织和运营存在严重缺陷。

仲裁庭不认可 IPB 日益加深的经济困难以及最终导致其被采取强制管理措施的主要原因是银行管理不善和组织上的缺陷。尽管 CNB 在审查报告中曾指出 IPB 存在严重的违规行为，但毋庸置疑，坏账问题仍然是 IPB 所面临的主要困难。因此，如果 IPB 解决了 CNB 指出的组织上的问题，它就不会再因其庞大的不良贷款组合和监管资本不足而遭受损失，因此这一假设是不可信的。

被申请人的专家证人报告指出，IPB 与其竞争对手在流动性、信用评级和业务战略方面存在一些差异。然而，申请人方的专家证人质疑上述结论的有效性，且得出了相反的结论。仲裁庭认为目前所呈现的证据并不能证明在贷款政策所涉及的风险方面，IPB 与其他四大银行有明显不同，因此不能认为 IPB 所面临的经济问题主要是由同样困扰其他银行的坏账问题造成的。

被申请人也不同意申请人对坏账问题的"系统性"性质的认定。被申请人认为，"系统性"危机是一个影响整个商业银行业的危机。然而，申请人没能证明这一点。申请人完全没有考虑 50 多家持有本国 30% 以上银行资产的其他商业银行。

仲裁庭认为，不论四大银行在 1998—2000 年间所面临的坏账问题是不是"系统性的"，这些银行完全处于可比地位：一方面，它们都因大量不良贷款组合导致了拨备的增加并因此导致监管资本的不足。它们中没有任何一个能够通过股东权益来吸收掉这些损失。除非捷克愿意提供财政援助，它们的生存都受到严重威胁。另一方面，考虑到四大银行之于宏观经济的重要性，捷克政府显然不能让这些银行中的任何一家倒闭。此外，如下所述，捷克政府确实或早或晚向它们提供了援助，包括被 COSB 收购后的 IPB。综上，可以认为，捷克政府间接承认了所有四大银行都处于可比地位。因此，申请人有理由期望捷克以一种不偏不倚的和一致的方式向四大银行（包括 IPB 在内）提供财政援助，而不是将 IPB 排除在外。[1]

（2）在国家援助方面对 IPB 差别对待。在 1997—1998 年间，捷克政府制定了在企业层面处理坏账问题的战略。根据这一战略，政府将直接为免除负债公司的债务提供资金，并为新贷款提供担保（即所谓的"复兴计划"）。因此，政府会在银行部门的财政援助问题上采取消极立场。这一计划是在 IPB 被私有化时（1998 年 3 月 8 日向 Nomura 出售政府所持 36％的股份）捷克政府明确提及的。然而，捷克政府非常谨慎，没有向Nomura 保证未来在对 IPB 竞争对手进行私有化的过程中不会改变这一政策。

然而，由于坏账问题日益突出，捷政府改变了上述政策且实际采取了一系列措施来帮助四大银行中的其他几家银行克服它们所面临的经济困难。这些措施是有意为实现 IPB 竞争对手的私有化而采取的。CSOB 于1999 年被私有化（通过将政府持有的 65.59％的股份卖给比利时的 KBC）；CS 于 2000 年被私有化（通过将政府持有的 53.07％的股份卖给奥地利的Erste Bank）；KB 于 2000 年被私有化（通过将政府持有的 60％的股份卖给 Société Générale S.A.）。这三家银行在私有化之前都得到了捷克政府大量的财政援助。没有这一援助，它们的私有化显然是不可能的。

IPB 在私有化之前也得到了一些财政援助。然而，在 Nomura 收购 IPB 股份后，IPB 被排除在了复兴计划之外，也被排除在了捷克政府向银

---

[1]　Saluka Investments BV v. The Czech Republic, Partial Award, ICGJ 368（PCA 2006），17th March 2006, paras.314—323.

行提供直接财政援助来解决 IPB 竞争对手坏账问题的行动之外。只有 CSOB 对 IPB 采取强行措施期间，捷克政府才向 IPB 提供了一定的财政援助。因此，IPB 显然被区别对待了。①

（3）缺乏合理的理由。被申请人认为基于以下理由，区别对待是合理的。

第一，被申请人称 Nomura 从未承诺会以同样方式对 IPB 竞争对手进行私有化，即不提供任何使他们摆脱不良贷款组合的问题的前期帮助。

仲裁庭认为申请人在基于条约产生的合理期待不需要基于捷克政府的明确保证。Nomura 在投资设立 Saluka 时能合理地预期，如果未来四大银行都出现严重的经济问题，捷克政府会以一致、公平的方式提供财政支持以克服这些问题。②

第二，被申请人称申请人没有理由期待捷克政府愿意提供国家财政援助来减轻 IPB 未来的问题，因为 Nomura 在进行了充分的尽职调查后，已经意识到收购 IPB 股份的风险。在投资前，Nomura 就已经知道捷克政府计划在四大银行中的另外三家银行私有化的过程中为它们提供援助。因此，Nomura 是自愿承担风险的，在 Nomura 支付的股价中也体现了这一点。

基于现有证据，仲裁庭认为捷克政府在 1998 年 3 月 8 日 Nomura 收购 IPB 股份后立马改变了其不援助政策。这种政策变化最早的迹象出现在 1998 年 4 月 21 日 NPF 负责人 Ceska 先生给 KB、CS 和 COSB 三家银行董事会主席的信中。信中这样说："我们进一步确认，在上述银行完全私有化之前的这段时间内，我们准备在股东权利范围内采取措施，确保银行能够遵守监管要求，包括资本充足率和流动性。"

在 1998 年 5 月 27 日，政府通过了以下决议："政府声明其意识到了其对 COSB、KB 和 CS 等股份公司在金融稳定方面的责任，并且计划维持上

---

① Saluka Investments BV v. The Czech Republic, Partial Award, ICGJ 368（PCA 2006），17th March 2006，paras.324—326.

② Ibid., paras.328—329.

述公司的金融稳定,直至这些股份公司完成私有化。"

此外,不论 Nomura 的尽职调查做到了什么程度,它不可能预测到如果坏账问题如此恶化,政府会采取什么样的政策。因此,当捷克政府实际上决定提供财政援助时,不能认为申请人要承担被区别对待的风险。①

第三,被申请人认为申请人是 IPB 中占支配地位的股东,因此申请人应该通过提供必要的额外资本来挽救 IPB。捷克有理由期待申请人像负责任的战略投资者一样行事。此外,就向 IPB 竞争对手提供必要的财政支持而言,捷克政府认为这是一个负责任的股东该做的事。

仲裁庭指出,Nomura 不是 IPB 的战略投资者。Nomura 从一开始就明确表示,它是作为证券投资者来收购相当数量的股票的,目的是在 IPB 局势好转、股票价值升值后出售这些股票。除非按照商业条款的要求,否则申请人作为私人投资者,不能被合理地期望会提供新的资本挽救 IPB。在这一方面,申请人所处的地位类似于收购 IPB 竞争对手股份的投资者:除非国家提供财政援助来解决坏账问题,否则四大银行中的任何一家都不能被指望有新的(或额外的)私人投资。捷克政府在 COSB 收购 IPB 完毕后向 IPB 提供了大量财政支持,这一行为隐晦地承认了上述结论。

此外,仲裁庭不认可捷克政府完全是因股东身份而向四大银行中的一家或几家提供国家援助。尽管政府可能期望在其他银行私有化时获得更好的股价,这也不是一个合理的商业行为。如果这就是捷克政府的动机,捷克也可以节约这些用于政府援助的财政资源低价出售股票。以更高的价格出售股份来填补国家援助支出只会造成额外的交易成本。无论如何,即使站在 IPB 竞争对手股东的立场上,捷克政府也有责任解决四大银行面临的坏账问题。因此,捷克政府是其他三家银行的股东这一点不能为捷克区别对待 IPB 提供正当的理由。此外,在 IPB 业务被 COSB 接管后,捷克政府一改此前立场,为 IPB 提供了大量财政援助。②

---

① Saluka Investments BV v. The Czech Republic,Partial Award,ICGJ 368(PCA 2006),17th March 2006,paras.330—332.

② Ibid.,paras.333—335.

第四，被申请人认为给予 IPB 竞争对手财政援助与捷克政府私有化政策具有紧密联系。捷克政府仍然持有 KB、CS 和 CSOB 大量的股份，这些公司可以在现有的基础上被私有化，也可以在不良贷款组合被处理后再被私有化。捷克政府认为其在政策选择上有自由裁量权。

显然，仲裁庭不能对捷克政府的私有化政策妄加猜测。政府在银行摆脱了坏账问题之后才出售它们的股份，这是完全合法的。然而，这并不能豁免捷克政府履行非歧视义务。捷克签署《荷兰—捷克 BIT》，承诺给予另一缔约方投资者"公正和公平待遇"，就不得以非法的、歧视性的方式执行其政策，包括其私有化战略。①

第五，被申请人认为，如果 IPB 也得到了财政援助，清理不良贷款组合的好处就会累积到 IPB 的私人股东身上，而对其他三家银行而言这一做法的受益人都是持有这些银行多数股权的捷克政府。然而，这一逻辑与捷克政府的后续行为不符。捷克政府在 CSOB 收购 IPB 业务后提供了财政援助，但此时 CSOB 已经完成了私有化（通过将政府持有的 65.59% 的股份卖给比利时的 KBC）。因此，捷克政府未能为区别对待 IPB 提供合理解释。②

第六，被申请人称最终导致 IPB 破产和被采取强制管理措施的原因是 IPB 自身不负责任的商业策略，尤其是它的贷款政策。因此，被申请人认为申请人不能对政府援助产生合理期待。申请人不认为 IPB 与四大银行中的其他几家银行之间有明显不同。

仲裁庭认为，从资产负债表上看，不良贷款组合的规模及其影响，IPB 除了在某种程度上与 COSB 不同之外，实际上所有四大银行相当。四大银行的信用评级在 1998 年均被下调，而 2000 年 IPB 竞争对手的相对改善是由于它们在此期间获得了国家援助。

就四大银行的流动性而言，当事人各方对 IPB 与其竞争对手进行比较

---

① Saluka Investments BV v. The Czech Republic, Partial Award, ICGJ 368（PCA 2006），17th March 2006，paras.336—337.

② Ibid.，paras.338.

的标准存在分歧。原则上，流动性是指可以轻易变现的资产的总和，这些
资产可以用来偿付与总资产相关的债务。为了证明 IPB 的流动性状况比其
竞争对手差，被申请人采用了"流动资产比率"和"现金资产比率"。申
请人为了证明自身的流动性甚至比其竞争对手还要好，采用了"速动资产
比率"。然而，仲裁庭认为"速动资产"和"流动资产"没有什么不同。
因此，双方计算的差异不在于它们选的标准，而在于它们的统计基础。不
论从 1998—2000 年四大银行正确的流动性比率是多少，仲裁庭都不相信不
同的流动资金比率会导致政府在为克服坏账问题而提供国家财政援助时给
予银行不同的待遇。

即便如被申请人所说 IPB 业务策略存在缺陷，仲裁庭注意到 IPB 竞争
对手（尤其是 CS 和 KB）采取的较完善的业务策略和更谨慎的贷款管理措
施，均不足以帮助它们在没有捷克政府财政援助的情况下克服坏账问题。①

因此，仲裁庭认为被申请人没有就给予 IPB 差别待遇提供合理解释，
属于歧视性行为，违反公平公正待遇。

四、本案的启示和意义

本案中，仲裁庭认为捷克政府违反了投资者合理正当的期待，并且未
按照无偏见、公平、透明以及一致的方式行事，因此最终裁决捷克政府的
行为违反了公平公正待遇。

本案中，仲裁庭将投资者的合理期待与公平公正待遇紧密地联系了起
来。仲裁庭指出，投资者投资的决定是基于对投资时的法律状况和整个商
业环境的评估，以及对东道国在投资后的后续行为会是公平公正的这一期
待做出的。仲裁庭进一步认为，合理期待是公平公正待遇标准的主要内
容。仲裁庭在本案中对合理期待原则作了更进一步的分析：即便没有东道
国政府的具体承诺或者其他的声明，投资者的合理期待仍然可以作为确定

---

① Saluka Investments BV v. The Czech Republic，Partial Award，ICGJ 368（PCA 2006），
17th March 2006，paras.342—346.

东道国是否违反公平公正待遇的重要因素。东道国要承担公平公正待遇条款下的义务，就要避免使投资者的合理和合法期待落空。

在合理期待的内容方面，除了通常意义上我们所理解的东道国经济政策的变化、东道国改变投资者在作出投资时所信赖的安排或具体承诺等，会构成对投资者合理期待的损害，仲裁庭还将与合理期待并列的其他公平公正待遇要素，如善意非歧视、遵守正当程序等要素，归入合理期待的内涵。仲裁庭具体适用公平公正待遇这一标准时，认为东道国如果实行歧视待遇、以缺乏可预期性、透明度的方式改变投资者长期依赖的法律框架、拒绝与投资者善意磋商，同样构成对投资者合理期待的损害，违反公平公正待遇。

其中，在确定是否存在歧视性待遇时，仲裁庭选取了在相似情况下东道国采取的行为作为"参照物"，判断投资者是否被区别对待，并且在被区别对待的情况下这种差别是否有正当理由。在东道国与投资者磋商方面，仲裁庭认为受公平公正待遇条款约束，东道国应对投资者为解决问题做出的善意的努力给予应有的关注，并善意地与其磋商，而不能前后行为反复无常不一致。此外，还提到了对透明度的要求，这一要求指东道国政府与投资者之间的信息交换应当及时、充分并且透明。

由此可见，本案中仲裁庭以东道国是否违背投资者的合理期待为标准来判断东道国是否违反了公平公正待遇。相应地，在这一标准下，为加强对投资者的合理期待的保护，投资者合理期待的范围也被拓宽——可以囊括判断公平公正待遇的所有要素。

还需指出的是，在界定受保护的投资者的期待时，仲裁庭强调这一范围不能完全由外国投资者的主观动机和考量来决定，而是应当限定在合理和合法的框架内。基于充分尊重东道国外资监管权的考量，需要平衡申请人的合法和合理期待与被申请人的合法监管利益。这就要求东道国善意地实施其政策，尤其对于影响投资者投资的行为而言，该行为应具有公共政策上的正当性，且不能明显违反一致性、透明度、公平性和非歧视的要求。

除上述关于肯定性结论之外，本案中还排除了一个与双边投资协定中的公平公正待遇无关的情形，即东道国对国内法或其参与的其他国际条约下义务的违反，与违反公平公正待遇之间没有必然的联系。

第二节　Total 公司诉阿根廷案

一、基本案情

（一）案件基本信息

表 4-2　Total v. Argentine 案基本信息

仲裁庭	国际投资争端解决中心（ICSID）仲裁庭
裁决时间	2010 年 12 月 7 日
案号	ICSID Case No. ARB/04/1
关键词	公平公正待遇；投资者合理期待
当事人	申请人：Total 公司 被申请人：阿根廷

（二）案情简介①

2003 年 10 月 12 日，申请人 Total 公司根据 ICSID 公约和 1991 年《法国—阿根廷 BIT》（简称 BIT）向 ICSID 提起仲裁，起诉阿根廷共和国政府。Total 公司是根据法国法律注册成立的公司，在法国设有办公室，具有 BIT 第 1.2（b）条所指的法国"投资者"资格。Total 公司在阿根廷的天然气运输、碳氢化合物勘探和生产以及发电行业进行了多项投资。

1. Total 公司在 TGN 天然气运输公司中的投资

1992 年 5 月，阿根廷颁布了第 24.076 号法律（简称《天然气法》）和

---

① Total S.A. v. The Argentine Republic，ICSID Case No. ARB/04/01，Decision on Liability，27 December 2010.

第 1738/92 号法令（简称《天然气法令》）作为天然气部门私有化后的法律制度。随后，阿根廷政府将国有企业 Gas del Estado 私有化，成立了两家天然气运输公司，TGN 天然气运输公司（简称 TGN 公司）是其中之一。当时 TGN 获得了"在阿根廷北部和中部运输公共天然气"的经营许可，有效期为 35 年。同年，阿根廷政府通过两次竞标出售了其持有的 TGN 公司的股份。在第一次竞标中，天然气投资公司获得了阿根廷政府持有的 70％的 TGN 公司股份。2001 年 1 月 23 日，在该公司股东对外转让股权过程中，Total 公司以 2.3 亿美元的价格购买了 TGN 公司 15.35％的股份。

Total 公司声称，其当初之所以投资 TGN 公司主要是基于阿根廷政府在《天然气法》和《天然气法令》和第 2.457/92 号法令（简称 TGN 许可证）中作出的某些承诺和保证，具体而言：

承诺 TGN 公司向用户收取的天然气使用费将足以支付提供服务的所有合理支出并保证合理的回报率，即保证"经济平衡"。监管机构 ENARGAS 将通过以下机制来维护这种经济平衡：

（1）5 年审查：ENARGAS 按照预先确定的标准每 5 年审查一次天然气使用费，以确保 TGN 公司在持有许可证期间维持经济平衡。

（2）特别审查：经被许可方和消费者提出，ENARGAS 可以基于客观合理的目的（例如成本变动）来调整天然气使用费价格，或者当使用费明显过低或过于优惠时进行特别审查，从而确保 TGN 始终能获得合理的回报。

（3）天然气运输公司收取的使用费以美元计价，仅在记账表上转换成比索显示，并且使用费将根据美国生产者价格指数（PPI）每 6 个月自动调整一次。

未经政府的全额赔偿，使用费不会被冻结或者被控制价格。未经 TGN 公司的同意，TGN 经营许可证中基本规则（包括使用费收取制度）不会更改。

但是，2001—2002 年阿根廷陷入了严重的经济危机。为了应对危机政府颁布了《紧急状态法》。Total 公司认为其中的诸项措施实质上与阿根廷政府此先作出的承诺不符，违反了 BIT 第 3 条，没有对 Total 公司的投资给予公平公正待遇。这些措施包括：

（1）取消天然气使用费以美元计价的制度，以 1∶1 的汇率将以美元计价的使用费直接转换成以比索计价。

（2）取消根据美国生产者价格指数（PPI）每 6 个月自动调整天然气使用费的制度。

（3）冻结了天然气使用费的价格，并持续中止"5 年审查"和"特别审查"，导致未兑现经济平衡和合理回报率的承诺。

2. Total 公司在碳氢化合物开采生产行业的投资

Total 公司在阿根廷火地岛南部盆地以及周围地区勘探和开发碳氢化合物。1978 年 12 月 1 日，阿根廷批准了《火地岛南方第 1 区勘探和开发合同》（19.944 号合同），将于 1979 年 4 月 24 日生效。根据该合同条款，国家石油公司（YPF 公司）将根据尼日利亚邦尼轻质原油价格所反映的自由市场价格为基础，购买包括 Total 公司在内的一些公司所开采的所有碳氢化合物（包括原油和天然气）。当 Total 公司签订 19.944 号合同时，1972 年 6 月 2 日颁布的第 19.640 号法律还免除了火地岛出口的出口税。1989 年，阿根廷对多个经济部门进行了私有化改革，设法通过 YPF 公司的私有化和取消 YPF 公司的一些特许权来增加对碳氢化合物的勘探、生产和分配的私人投资，天然气行业的分拆和私有化，以及为私营企业生产碳氢化合物建立特许制度。阿根廷采取的初步措施之一是通过了第 1212/89 号法令，其要求外国投资者与 YPF 公司重新谈判现有合同。第 1212/89 号法令旨在增加碳氢化合物的生产并支持逐步解除管制，以自由市场机制和自由处置原油及其衍生品的原则取代国家干预，允许本国来源碳氢化合物产品的价格反映国际价格，并取消限制原油及其衍生物自由商业化的规定。同时，阿根廷还颁布了另外两项法令，即第 1055/89 号法令和第

1589/89 号法令（统称为《解除管制法令》）。1991 年，阿根廷通过了第 2411/91 号法令（简称《恢复法令》），要求 YPF 公司重新谈判在以前立法制度下通过的服务合同，包括第 19.944 号合同，并将这些合同改为新的协定，包括两个部分：勘探许可证和开采特许权。恢复法令特别提到解除管制法令，这些法令将作为国家监管碳氢化合物部门的指导性原则，具体包括：发展自由市场规则来解除对碳氢化合物的价格和生产数量的规制；特许权人享有在国内和国际市场上自由交易生产的碳氢化合物及自由商业化的权利。1993 年 11 月 23 日，Total 公司和 YPF 公司签署了一份《协定》，规定双方同意在新的特许协定制度下将 19.944 合同改为生产特许和勘探许可证。1994 年 2 月 15 日通过的第 214/94 号法令（《特许法令》）特别提到、批准和通过了上述《协定》的条款和解除管制法令的规定。在此之后，Total 公司扩大了其在阿根廷勘探和开采碳氢化合物的活动。Total 公司与当地分销商签订了销售天然气的长期合同，还经阿根廷当局批准与智利客户签订了天然气出口合同。除此以外，Total 公司还与一些国内外客户签署了石油和液化天然气的销售合同，这些资源开采于火地岛，根据第 19.640 号法律 Total 公司可以免征出口税。

为了应对国家经济危机和能源市场出现的其他情况，阿根廷通过了一些法律、条例和措施，其中包括规定行政部门有权对碳氢化合物征收出口预扣税。在 2002 年 2 月，阿根廷根据《紧急状态法》开始对原油和液化石油气分别征收 20％和 5％的出口税。2004 年 5 月，阿根廷根据第 208/04 号决议将天然气的出厂价格上调 35％，并于 2004 年 10 月、2005 年 5 月和 7 月再次分别上调 16％。2004 年 5 月和 8 月，阿根廷两次增加原油的出口预扣税，增至 45％。2005 年，阿根廷又将液化石油气的出口预扣税增至 20％。2007 年，阿根廷再次增加原油和燃料的出口税，以直接税的形式由出口商缴纳。此外，根据《紧急状态法》第 8 条，天然气运输和分销所收取的费用按 1∶1 的汇率从美元变为以比索计价。2002 年 5 月，ENARGAS 还给分销商向天然气消费者收取的"出厂价格部分"制定了最高参考价格,分销商收取的价格不能超过这个标准。

对此,Total 公司认为阿根廷政府的这些措施影响了其在碳氢化合物开采生产行业的投资,违背了其对阿根廷法律体系的合理期待。换言之,其认为 BIT 协议中公平公正待遇的要求涵盖了保护其对阿根廷政府不会违反一般立法和特别许可中赋予其权利的期待,具体包括:其对在国内市场销售天然气的期待、对出口天然气的期待、对销售原油的期待,以及对火地岛原油出口免征出口税的期待。因此就该投资而言,Total 公司向仲裁庭诉请,裁决阿根廷对销售碳氢化合物征收出口预扣税,以及限制此类碳氢化合物的出口的做法违反了 BIT 公平公正待遇条款。

针对上述各项仲裁请求,阿根廷政府也进行了相应抗辩,最终仲裁庭裁决阿根廷政府未及时调整天然气使用费,导致未兑现"经济平衡"和合理回报承诺的行为,以及对销售火地岛碳氢化合物征收出口预扣税的行为违反了 BIT 第 3 条,没有给予 Total 公司的投资以公平公正待遇。

二、双方争议焦点

(一)Total 公司在 TGN 天然气运输公司中的投资

Total 公司认为,其是基于对阿根廷天然气法律监管制度稳定性的信赖而作出的投资决策,而阿根廷根据《紧急状态法》实施的若干行为违背了阿根廷政府向天然气运输行业投资方作出的相关承诺,违反了 Total 公司对阿根廷法律监管体系稳定性的合理期待,违反了根据 BIT 第 3 条提供公平公正待遇的义务。

阿根廷政府辩称,Total 公司所指的《天然气法》和《天然气法令》中的条款并非阿根廷向 Total 公司作出的承诺,且 Total 公司是在国家天然气部门私有化后的第 9 年才通过一个私人性质的交易投资了 TGN 公司,因此无证据表明阿根廷通过上述条款故意吸引 Total 公司进行投资。退一步说,即使上述条款构成承诺或保证,在阿根廷整个国家局势动荡的情况下,政府也有权为维护公众利益而修改这些条款,且这些条款没有赋予投资者比普通民众更广泛的权利，尤其是在 2002 年国家经济危机发生时全体民众权利都相应受限的情况下。考虑到经济危机的严重性，放弃比索与美元挂钩的制度是合法且有必要的做法，规定天然气使用费直接以比索计价只是"比索化"进程中的一部分，并不构成"任意的、不公平的待遇"。

（二）Total 公司在碳氢化合物开采生产行业的投资

Total 公司声称，由于阿根廷对销售碳氢化合物征收出口预扣税，限制其自由处置所生产的碳氢化合物的权利，违反 BIT 第 3 条的公平公正待遇。Total 公司列举了其在特许法令下的权利，包括在国内销售原油，包括自由处理所有这些碳氢化合物的权利（《特许法令》第 6 条和《碳氢化合物法》第 6 条）；在国际市场销售原油，不受限制、自由出口原油的权利（《特许法令》第 6 条）；在国内自由销售天然气的权利；在以上权利被限制情况下获得政府补偿的权利（《特许法令》第 8 条）。

对此，阿根廷政府辩称，Total 公司所称特许令赋予的完全的、不受限制的权利其实是受制于《碳氢化合物法》规定的国内市场供应优先的基本原则。同样地，根据《天然气法》和《液化石油气法》出口的气体和液化石油气亦是如此。阿根廷认为："……第 214/94 号总统令规定，该联合体的成员（包括 Total 公司）享有碳氢化合物的所有权和自由处置碳氢化合物的权利，但始终须遵守《碳氢化合物法》的规定。"根据《碳氢化合物法》第 6 条（特许令明确被纳入其中），行政部门享有广泛的权力，如对出口、出口配额和国内价格设置限制。此外，阿根廷政府认为，由于特殊情况导致国际油价显著增加时，Total 公司便不再享有根据特许令第 8 条获得赔偿以及国内油价与国际油价脱钩的权利。此外，根据 2004 年 4 月的《协定》恢复天然气价格的目标，阿根廷可以在不考虑国际价格的情况下确定国内天然气价格。事实上，根据 2004 年《协定》，国内天然气价格的确定是以生产商的实际开采成本（而不是国际天然气价格）为基准的，而实际开采成本是基于一家国有企业对大然气生产商勘探和生产成本的研究。至于 Total 公司提出的免税要求，阿根廷政府辩称，与 Total 公司并没有达成税收稳定协议；相反，Total 公司应遵守一般税收制度。阿根廷政府的立场是：《紧急状态法》第 6 条规定的出口关税是合法的，是对国家主权的合法行使，不构成赔偿义务。此外，阿根廷表示，鉴于 2001—2002 年阿根廷的经济危机，并考虑到各种相关情况，对碳氢化合物出口收费是合理的。

综上，本案中有关公平公正待遇标准的争议焦点是：对投资者合理期待的保护是否是公平公正待遇标准中的一部分，阿根廷政府的行为是否违反了 BIT 公平公正待遇条款。

三、仲裁庭观点

（一）Total 公司在 TGN 天然气运输公司中的投资

仲裁庭认为，判例法对投资者的期待是否合法的认定标准不一。一方面，对投资者的投资决策来说，法律法规的稳定性、可预测性和一致性确实很重要，特别是在他们拟开展长期投资的情况下，签订 BIT 的政府应对此有所意识，为投资者创建一个良好的投资环境。另一方面，东道国也并非因签署 BIT 就放弃其监管的权力，也没有限制政府不能根据新需求修订立法。事实上，即使在明确提到投资法律制度稳定性的 BIT 中，涉及这部分的内容也仅出现在 BIT 的序言部分。在多个美国投资者根据 BIT 起诉阿根廷政府的案件中，仲裁庭以 "BIT 序言部分明确提及国家向投资者承诺稳定的法律监管环境以吸引外国投资者" 为依据，裁决阿根廷政府违反公平公正待遇。序言中的这种声明被仲裁庭认可的关键在于，虽然其没有对东道国施加法律义务，但其阐明了投资条约的目的，是条约解释工具。但是，本案中法国和阿根廷的 BIT 参照的是法国 BIT 的版本，没有提到类似内容，至少这表明国内法律制度的稳定性未被缔约方认为是东道国必须给予其投资者的一个条件。在东道国没有 "承诺" 或 BIT 中没有相关规定的情况下，东道国现行的法律制度不会仅仅因为东道国与外国投资者所属国家签订了双边投资条约而自动受到稳定性 "保证" 约束。如果东道国通过合同、特许权证或稳定条款明确表达了未来将承担某些法律义务，那么投资者的期待才是合理的并受公平公正待遇条款保护的。但是，即使东道国作出了这类承诺，也不等于东道国必须为了投资者的利益冻结其法律制度。

在监管立法发生变化时，应综合相关因素考虑投资者合理期待的适当性。一方面，涉及法律体系稳定性的承诺的形式和具体内容是至关重要的。对投资者的承诺声明越具体，投资者信赖该承诺的主张就越有说服力。当没有具体的承诺或保证时，应基于对所有相关事实的具体分析和谨慎判断投资者的期待是否合理合法。如果投资者所主张合理期待的依据是国家单边立法或者具有普遍性的立法，那么因为这种立法并不是特别针对某个投资者制定的，国家有权进行后续修订。另一方面，也须考虑东道国为了公共利益而监管国内事务的权力。所以，判断是否违反公平公正待遇时，应对投资者的合理合法期待和东道国的监管需求做出权衡。具体来说，东道国经济发展的背景、相关行为的合理性和适当性都需纳入考量。同时，仲裁庭认为 BIT 不是过失投资的保险政策，投资者是否对东道国法律做了充分调查也是判断东道国是否违反公平公正待遇的一个因素。

1. 取消天然气使用费以美元计价，并根据美国 PPI 指数调整的两项制度是否违反公平公正待遇

根据 1991 年《货币可兑换法》，比索对美元的汇率固定为 1∶1，天然气运输公司收取的比索可自由兑换为等量的美元。2001 年，阿根廷陷入经济危机，资本大规模外逃，比索在国际市场上大幅贬值，政府无力偿还外债且国际货币基金组织也不提供帮助。在此背景下，政府出台了《紧急状态法》，宣布比索与美元脱钩，废除了《货币可兑换法》规定的比索自由兑换美元制度，并规定所有以美元计价的私人合同将按 1∶1 兑换成比索计价，后续还将重新协商有关当事方之间的债务。Total 公司认为，天然气使用费以美元计价和根据美国 PPI 指数自动调整是阿根廷特别为货币贬值时为投资者提供的"稳定条款"，在货币贬值真正发生时，监管机构应通

过特别审查来减少一定的天然气使用费价格,以维持被许可方的"经济平衡",而不应该直接废除上述两项制度。鉴于上文中提到的,政府对投资者承诺的特定性要求以及东道国有权修订本国的法律,仲裁庭不认可 Total 公司的这个主张。具体理由如下:

(1) 阿根廷政府没有对 Total 公司作出以美元计价并调整使用费的"承诺"。

首先,上述两项制度并不是直接或间接向 Total 公司作出的,它们是在《天然气法令》和《TGN 经营许可证》中被提及以落实《天然气法》的主要目的,即保证被许可方足够的收入去支付合理的运营开支并获得一定合理的回报。

其次,TGN 公司 1995 年出售股份的备忘录中除了提醒投资者在比索贬值情况下 TGN 可能出现违约以及天然气需求量下降的风险,还特别提示了比索的大幅贬值或者可兑换制度的取消会影响到天然气使用费美元计价制度,从而可能会对公司的财务状况和运营造成损失,因为使用费占据了 TGN 收入的 98%。Total 公司认为这些提醒仅表明了比索贬值风险,而未提示美元计价会被"比索化"的风险,故其认为使用费以美元计价是货币贬值时为投资者提供的"稳定条款"。仲裁庭不认可这种理解,认为这些恰恰表明 TGN 在出售股份时已告知投资者美元计价机制可能被"比索化"的风险。

最后,上述两项制度虽然在阿根廷政府在出售其持有国有企业的《竞标规则》中被明确提及,但是由于 Total 公司并未参与 1992 年 12 月的竞标,其无权援引该规则作为其主张基于信赖而投资天然气部门的依据。

因此,仲裁庭认为天然气使用费以美元计价并根据美国 PPI 指数调整不是阿根廷政府对 Total 公司作出的承诺,而只是 Total 公司在进行投资时阿根廷现行天然气监管法律制度中的一个组成部分。

(2) Total 公司投资 TGN 公司时 PPI 调整机制暂停的相关性。Total 公司于 2000 年 5 月决定购买 TGN 公司股份,该交易直到 2001 年 1 月才正式交割结束。在此期间，监管机构 ENARGAS 曾两次宣布暂停根据美国 PPI 指数调整天然气使用费的制度（简称 PPI 调整机制），第一次是在 2000 年 1 月，暂停持续 6 个月；第二次是在 2000 年 8 月 4 日，暂停持续两年。对此，Total 公司高管声称这些暂停在他们看来只不过是暂时的，不至于对他们的投资构成威胁。而仲裁庭认为，这些暂停会影响到未来 PPI 调整机制的存续，Total 公司在国际投资领域颇有经验，其不可能认为这些暂停不会影响到未来天然气使用费的 PPI 调整机制，从当时各方面因素来看，其都能预见到天然气监管制度已不可能保持不变。所以，仲裁庭的观点是，Total 公司称其信赖 PPI 调整机制而作出投资决策的说法不能成立。

（3）阿根廷政府取消天然气使用费以美元计价并根据美国 PPI 指数调整制度的原因。在判断是否违反公平公正待遇时，东道国的行为是否善意是一个重要的衡量因素。因此，本案中要考虑到阿根廷政府对天然气监管法律制度作出变更的原因和背景。对此，仲裁庭的看法是，考虑到 2001 年底阿根廷处于紧急状态，政治和社会都面临动荡局势，阿根廷政府有理由取消可兑换制度，包括将天然气使用费比索化。

在阿根廷各经济部门都与美元脱钩的背景下，允许公用事业部门收取的使用费继续以美元计价的做法缺乏合理依据，反而变成赋予了受益者特权。仲裁庭注意到，《天然气法》的主要立法目的是在为消费者提供公正价格的同时，确保公用事业提供方可以获得一定合理回报，而不仅仅是维护公用事业提供方的利益。尽管 Total 公司声称，通过特别审查可以减少一些使用费，但这实际上是将比索贬值的不利影响都转嫁给了消费者，而且仍然改变不了唯独天然气部门以美元计价的事实，这种做法明显不公平。

在比索正常贬值的情况下，将天然气使用费与美元脱钩做法不仅从经济角度来说不合理，而且从社会发展角度来说也不必要，这种情况下可能会被裁决为违反了双边投资协定的公平和公正待遇条款。但本案的情况并非如此，阿根廷是在国家几乎"破产"的情况下被迫取消与美元挂钩，当时比索已贬值了 3 倍多。鉴于这种特殊情况，阿根廷政府取消天然气使用费以美元计价并根据美国 PPI 指数调整这两项制度并非不公平公正。比索化是普遍适用于阿根廷所有经济部门的措施，这是在国家货币主权范围内对货币进行贬值和重新计价。更重要的是，这项措施是在公认的例外、灾难性的经济紧急情况下善意采取的，政府甚至禁止了普通公民从银行提取存款，这种情形下阿根廷不可能再继续其货币政策和可兑换制度。

仲裁庭认为公平公正待遇的内涵应采取灵活的解释，在判断行为是否构成不公平的时候，须考虑到行为的客观效果、采取这些行为的原因、东道国是否主观善意、行为的合目的性以及参考常规做法该行为是否合法等因素。公用事业部门与阿根廷各经济部门以及所有公民受到的都是同等待遇，所以取消天然气使用费以美元计价并不是歧视性措施。

综上，阿根廷政府没有对 Total 公司作出有关法律监管体系稳定不变的承诺，政府对上述一般性立法（相对于对投资者的特别承诺而言）的修订是在行使其固有的国家权力，而且阿根廷政府所采取的措施具有普适性、主观善意、非歧视等特征，所以仲裁庭裁决阿根廷政府取消天然气使用费与美元脱钩、不再根据美国 PPI 指数调整的这两项机制不违反 BIT 中的公平公正待遇条款。

2. 政府因持续中止 5 年审查和特别审查而自 2002 年起冻结天然气使用费价格，未兑现"经济平衡"和合理回报的承诺是否违反公平公正待遇

天然气监管法律制度明确了私有化天然气公用事业收取的使用费应足以支付其合理成本和保证其取得合理回报的原则。作为确保这种"经济平衡"的一种手段，相关法律制度规定了每 6 个月根据 PPI 指数调整使用费、5 年审查、特别审查三种机制。该原则在阿根廷双边投资条约中也有所体现。不管具体措辞如何，这些条约所表达的内容都是意图优化外商投资环境的，不可能让一个长期投资者无利可图或者亏损经营。

因此，像 Total 之类的投资者有权期望天然气监管体系会遵循"经济

平衡"原则，上述 3 项机制不仅适用于私有化进程中的最初参与者，同样也适用于后续投资者。

仲裁庭注意到，《紧急状态法》和基于该法的 2002 年初颁布的法令对这些原则和机制进行了强有力的重申，该法为所有公用事业合同的重新谈判设立了一个委员会 UNIREN，并为完成谈判程序设定了较短的期限。而且，由于该谈判进程实际进行得比预期慢，财政部还特别授权 ENERGAS 展开特别审查（在此之前特别审查机制已经被《紧急状态法》暂停了，故此处属于特别授权）。所以，尽管使用费的计价和调整都被比索化，《紧急状态法》仍旧重申了天然气使用费是可以被重新调整的。但是，这项原本计划进行的特别审查被该期间一次司法审判中止了，最终该案于 2003 年 2 月 3 日判决将公用事业部门重新谈判相关合同的截止日推迟 60 天。直到 2003 年 5 月，阿根廷时任新总统就职，TGN 公司收取的天然气使用费价格还未被调整。当时，阿根廷已经渡过了经济危机，时评、国际组织和其他处理阿根廷投资争端的仲裁庭都承认这一点。而且在 2004 年 2 月，向工业用户征收的天然气使用费价格较之前有 4.5 倍的涨幅，但是 TGN 公司并未享受到这些盈利。这笔钱流向了在天然气运输行业中新投资组成的一个信托基金。

仲裁庭发现，根据规定，UNIREN 委员会须在 2004 年 12 月 31 日之前与公用事业公司完成有关服务合同的重新谈判，然而实际上这个谈判过程一直在拖延。直到 2007 年 4 月，UNIREN 委员会才颁布法案将天然气使用费价格上调 15%，但这无法弥补过去未调整使用费给公用事业公司带来的损失。此外，该法案第 17 条还规定，作为该法案生效的先决条件，TGN 公司须确保 99.9% 的股东（包括 CMS 和 Total 公司）做出承诺：（1）立即停止向阿根廷主张索赔；（2）在全面关税审议及新关税公布后，完全撤销上述索赔。如果未按照上述承诺停止和撤销索赔，法案将被终止，TGN 无法适用提高后的关税价格，TGN 的经营许可证也将被吊销，并且 TGN 须向政府赔偿因索赔人提出索赔而给政府带来的任何损失。

总而言之,从《紧急状态法》颁布以来,阿根廷当局反复设定新的截止日期,导致公用事业公司重新谈判特许权和天然气使用费价格的进程拖延了近 6 年。同时,政府还中止了半年度自动调整使用费的制度。如上所述,如果阿根廷政府之后能够重新谈判并为投资者重建"经济平衡",那么《紧急状态法》颁布后以及国家经济危机期间政府未能及时调整使用费的做法便不违法。鉴于 UNIREN 委员会最终还是未能完成重新谈判,仲裁庭裁决认为,阿根廷政府自 2002 年 7 月起未定期调整 TGN 公司天然气使用费的行为违反了 BIT 第 3 条公平公正待遇义务。

(二)Total 公司在碳氢化合物开采生产行业的投资

1. 国内销售天然气和原油以比索计价是否违反公平公正待遇

仲裁庭认为,就造成国内销售的原油贬值问题上,阿根廷"比索化"的措施是在国家货币主权范围内对国家货币进行贬值和重新计价。此外,这项措施是在公认的例外性质的经济紧急情况下善意采取的。因此,在这种情况下,不能认为这项措施及其适用是不公平的,必须根据这些措施的客观影响和导致采取这些措施的原因(主观的善意、行为与目标的相称性以及按照目标的合法性等)来判断这些措施是否不公平。善意、非歧视性以及导致阿根廷采取措施的特殊情况,从客观上排除了阿根廷政府违反公平公正待遇义务的责任。

2. 对销售原油征收出口税是否违反公平公正待遇

就原油的出口税问题,Total 公司认为阿根廷对其产品征收出口税给其出口造成直接影响。原油出口税的一般作用是减少出口,违反了特许令和放松管制法令中的出口保证、提前一年通知以及对任何强加于液态碳氢化合物出口的限制和责任的赔偿。但是,Total 公司并没有主张征收这些出口税实际上干扰或限制了现有的或计划中的原油出口合同,其仅主张实行出口税违反了其根据特许法令所享有的权利。不过,仲裁庭认为,无论采取哪种主张,阿根廷均未被给予完全的原油出口自由,该出口税在阿根廷的相关制度下不能被视为"限制"。出口税是普遍适用于原油生产国和出口国的财政措施（而不是专门针对 Total 公司，也不是针对 Total 公司的出口合同）。此外，这些出口税是"一般财政立法"的一部分，Total 公司应遵守这些法律。《特许法令》第 9 条第 2 款规定，Total 公司不受"为执行有关地区对个人、司法条件、许可证持有人的活动或资产以歧视性方式施加相关规定的限制"。这意味着，Total 公司在特许权下，仅能不受对其业务或与其开采地区有关的税收和关税的限制，例如地方和省级税收。《特许法令》第 9 条第 2 款与第 1 款并不冲突，因为根据第 1 款的规定，Total 公司虽然可以不受地方税收的规定，其仍需要遵守一般的国家税，其中就包括了原油的出口税。因此，阿根廷政府并未违反公平公正待遇条款。

另外，Total 公司还声称征收原油出口税对其国内石油销售价格产生了间接的负面影响。Total 公司认为，对原油征收出口税的措施降低了其国内价格，限制了 Total 公司在国内市场以自由谈判价格销售原油（及原油副产品）的权利。仲裁庭认为，这一论点不能令人信服。首先，阿根廷对原油出口征税并不妨碍 Total 公司在国内（或国外）市场销售原油（及原油副产品），也不妨碍 Total 公司选择其交易对象。其次，即使像 Total 公司所声称的那样，出口税降低了在国内销售原油的价格，这也并不违背 Total 公司自由处置原油（及原油副产品）的权利，因为这项权利受制于《碳氢化合物法》，根据该法第 6 条政府有权对此进行干预。该法明确规定，在特殊情况下，进口原油价格大幅上涨时，行政机关有权自行确定国内原油价格。最后，阿根廷征收原油出口税的目的（如《紧急状态法》所述）是在 2002 年发生危机的情况下向国家提供额外收入。2007 年出口税的进一步增加是为了从出口商的额外利润中收回原属于本国的收入，尤其是为了使国内石油市场与国际价格的异常上涨脱钩。Total 公司声称最后这次增加征税"具有歧视性和没收性质，其目的是控制国家碳氢化合物市场"。但是，如果没有任何证据表明这种"脱钩"是任意的或没收性质的，那么 Total 公司所称的这种目的就无法得到支持。Total 公司也不能援引阿根廷的任何承诺,即不适用其一般性财政立法,因为特许令并不保证财政稳定。此外,仲裁庭注意到,对石油征收这种"暴利税"目前很普遍,并已在许多石油生产国实行。基于上述理由,仲裁庭的结论是,阿根廷颁布的原油出口税并没有侵犯 Total 公司的权利,该税也没有违反 Total 公司合理期待,故这些措施没有违反公平公正待遇要求。

3. 取消火地岛碳氢化合物出口免税政策是否违反公平公正待遇

关于取消火地岛免税出口政策的问题,Total 公司声称,阿根廷通过《紧急状态法》下的第 776/06 号决议,追溯性地取消了适用于火地岛产品的关税豁免,因此违反了阿根廷向其保证的在火地岛投资的出口免税政策。事实上,第 776/06 号决议追溯性地取消了这项豁免,是因为该决议指出,《紧急状态法》第 6 条本来打算对所有石油的出口,包括火地岛的石油出口,征收新设立的出口税。此外,Total 公司还声称 2007 年第 26.217 号法律明确取消了 1972 年第 19.640 号法律所给予的关税豁免。对此,仲裁庭认为没有任何证据表明 1972 年的火地岛豁免不能被之后颁布的法令所撤销。1972 年的法律没有保证任何最少适用期;相反,第 19.640 号法律第 13(c)条明确指出,如果将来税收的立法明确规定了这种情况,则适用新的税收规定。因此,由于 2007 年第 26.217 号法律明确规定,2007 年取消关于火地岛的关税豁免适用于所有相关投资,这项法律并没有侵犯 Total 公司在 BIT 中的权利。Total 公司还主张这是阿根廷在 1994 年从南美共同市场理事会获得的一项税收豁免,该税收豁免允许阿根廷将火地岛特别关税制度维持到 2013 年。然而,仲裁庭认为这一授权并没有迫使阿根廷将豁免保留到 2013 年,也不能创造一种权利,也不能成为 Total 公司等私人受益人的合理期待。

不过,关于对第 776 号决议从 2002 年开始追溯的取消税收豁免问题的诉请,Total 公司还提交了阿根廷行政当局 2002 年和 2004 年发布的某些声明。这些声明指出,阿根廷主管当局明确了近 4 年颁布的新税种并不适用于火地岛的出口货物。因此,阿根廷政府 2006 年追溯性地取消了适用于火地岛产品的关税豁免的做法违反了其对 Total 公司做出的明确承诺，因而违反了 BIT 中的公平公正待遇条款。此外，仲裁庭注意到第 19.640 号法律第 13（c）条要求未来取消火地岛出口免税政策的时候必须制定明确的立法。由于《紧急状态法》未包含此类明确规定，第 776/06 号决议不能以解释的方式取消按照第 19.640 号法律适用于火地岛的关税豁免的具体规定。据此，仲裁庭认为，阿根廷政府要求 Total 公司补缴火地岛碳氢化合物出口税的主张，违反了 BIT 第 3 条的公平公正待遇。

四、本案的启示和意义

本案中有关公平公正待遇标准的争议焦点是：保护投资者的合理期待是否是公平公正待遇标准的要素。首先，就投资者合理期待如何认定的问题，本案中 Total 公司援引了东道国的一系列法律法规以及许可证中的特别规定作为其主张合理期待的依据。从仲裁庭的裁决中我们可以看出，构成投资者合理期待的东道国承诺应具有以下两个要件：（1）形式上是由东道国向投资者特别作出。（2）内容上应是明确具体的，明显构成承诺或者保证。东道国一般性的立法或者是向其他交易主体授予的许可证中的特别规定均不能构成投资者合理期待的来源。其次，就东道国违反投资者合理期待是否违反公平公正待遇的问题，仲裁庭的裁判思路为：（1）东道国的承诺确实给投资者带来了合理合法的期待；（2）这种合理期待导致投资者作出投资决策；（3）东道国后续行为未能兑现其承诺；（4）投资者因为这种期待未能实现而受到实质性损失。应特别注意的是，未能兑现承诺的原因将影响到对东道国是否违反公平公正待遇要求的认定。本案中，阿根廷政府在 2001—2002 年遭遇了严重的经济危机，这迫使其采取了一系列给投资者利益带来负面影响的措施。仲裁庭认为理解公平公正待遇的内涵应采取灵活解释，在判断上述行为是否构成不公平的时候，须考虑到行为的客观效果、采取这些行为的背景原因、东道国是否主观善意、行为的合目的性以及参考常规做法等是否合法。如果这些行为具有普适性、主观善意、非歧视、在特别情况下不得不采取等特征,便不违反公平公正待遇的要求。

综上,本案对投资者合理期待是否是公平公正待遇的内容,进行了详细阐述,对公平公正待遇的综合性理解具有一定借鉴意义。

第三节 Philip Morris 公司诉乌拉圭案

一、基本案情

(一)案件基本信息

表 4-3 **Philip Morris v. Uruguay 案基本信息**

仲裁庭	国际投资争端解决中心(ICSID)仲裁庭
裁决时间	2016 年 7 月 8 日
案号	ICSID Case No.ARB/10/7
关键词	商标权投资;间接征收;公平公正待遇
当事人	申请人:Philip Morris 公司 被申请人:乌拉圭政府

(二)案情简介

本案申请人是菲利普·莫里斯品牌有限公司(瑞士)、菲利普·莫里斯产品有限公司(瑞士)以及 Abal 公司(乌拉圭,菲利普·莫里斯品牌有限公司全资子公司)(统称为菲利普·莫里斯公司,或 Abal 公司,或申请人)。本案被申请人是乌拉圭政府。[①]

2008 年 8 月 18 日,乌拉圭公共卫生部颁布第 514 号法令,其第 3 条要求一个注册烟草品牌在乌拉圭国内市场中只能使用一种外观,禁止烟草企业将同一商标品牌下投放市场销售的烟草制品有不同包装或外观变

---

① Philip Morris Brands Sàrl and ors v. Uruguay, ICSID Case No.ARB/10/7, Award, 28th June 2016, paras.1—8.

化，即"单一外观要求"（Single Presentation Requirement）。在第 514 号法令颁布前，菲利普·莫里斯公司在乌拉圭销售的"万宝路"品牌香烟有多种外包装，例如"万宝路—红""万宝路—金""万宝路—蓝"和"万宝路—薄荷绿"。但是，在法令生效后，菲利普·莫里斯公司不能再继续销售上述不同外包装的万宝路香烟，否则将违反乌拉圭政府提出的"单一外观要求"。菲利普·莫里斯公司认为这一措施极大地影响了公司的价值和利益。

图 4-1　菲利普·莫里斯公司从乌拉圭市场撤下的香烟外包装

2009 年 6 月 15 日，乌拉圭政府颁布第 287/009 号法令，其要求烟草制品外包装的正面和背面"健康警告标识"的面积占比必须从 50％增加到 80％，剩下 20％用于展示商标、标识和其他信息，即"80/80 规则"（80/80 Regulation）。菲利普·莫里斯公司认为这一措施剥夺了其展示、使用合法注册商标的权利（知识产权），进一步损害了其投资利益。①

乌拉圭政府认为无论是单一外观要求还是 80/80 规则，均未违背乌拉圭承担的国际义务，包括《瑞士—乌拉圭关于相互促进和保护投资的协定》（简称《瑞士—乌拉圭 BIT》），系严格履行世界卫生组织（WHO）

---

① Philip Morris Brands Sàrl and ors v. Uruguay，ICSID Case No. ARB/10/7，Award，28th June 2016，paras. 9—12.

《烟草控制框架公约》（FCTC）第 11 条和第 13 条项下条约义务，旨在保护公共健康。乌拉圭政府指出，乌拉圭是拉丁美洲吸烟率最高的国家之一，每年约有 5 000 人死于吸烟引起的各项疾病，包括心血管疾病和癌症，每年消耗约 1.5 亿美元的社会公共成本。乌拉圭政府实施的这两项控烟措施均以非歧视的方式适用于所有烟草企业，属于乌拉圭合理行使国家主权的范围。"单一外观要求"是为了减少烟草制品促销带来的持续不利影响，例如标注本品牌香烟比其他品牌更安全，或者标注"轻型""柔和型"及"超轻型"等，进行虚假营销，使消费者对烟草制品的危害产生误认。"80/80 规则"是为了提高消费者对烟草制品可能导致的健康风险的认知，尽可能促使人们（尤其是年轻人）戒烟或不吸烟；"80/80 规则"并没有阻止烟草商使用商标，他们仍然可以在占烟草制品外包装面积 20％的区域使用注册商标。因此，本案关涉公共健康保护，而非外国投资保护问题。①

2010 年 2 月 19 日，菲利普·莫里斯公司依据《瑞士—乌拉圭 BIT》第 10 条、《ICSID 公约》第 36 条，向 ICSID 投资仲裁庭提请仲裁。

2013 年 7 月 2 日，仲裁庭裁决对该案具有管辖权。仲裁庭认为申请人在乌拉圭的投资包括设立工厂，以商标使用权投资入股并且持有 Abal 公司 100％股份。申请人在乌拉圭的商标构成《瑞士—乌拉圭 BIT》下的投资，申请人的诉求也均以乌拉圭政府违反《瑞士—乌拉圭 BIT》第 3（1）条、第 3（2）条、第 5 条和第 11 条为依据，故仲裁庭驳回了乌拉圭政府的管辖权抗辩，确立了其对案件的管辖权。

2015 年 2 月 12 日，WHO 以及 WHO 框架下 FCTC 秘书处根据《ICSID 仲裁规则》第 37（2）条，作为"法庭之友"向仲裁庭提交了书面文件，他们在文件中支持了乌拉圭政府的做法，声称有大量证据表明，乌拉圭政府实施的一系列措施有利于保护公共健康，大面积的健康警告标示能够直

① Philip Morris Brands Sàrl and ors v. Uruguay, ICSID Case No. ARB/10/7, Award, 28th June 2016, para.13.

观地告知消费者烟草制品的消费风险并且实现有效劝阻；单一外观要求能够防止烟草商在外包装上误导消费者购买烟草制品。①2015 年 3 月 6 日，泛美卫生组织（PAHO）亦根据《ICSID 仲裁规则》第 37（2）条，作为"法庭之友"向仲裁庭提交了书面文件，声称 PAHO 及其成员国高度赞赏乌拉圭为保护公众健康而实施"80/80 规则"及"单一外观要求"的做法，对烟草行业经营者针对烟草控制发起的误导性宣传活动和法律诉讼深表关切。PAHO 支持乌拉圭采取烟草控制措施，乌拉圭是全世界的榜样。②WHO 及 PAHO 均指出，乌拉圭实施的控烟政策明显带来了本国公民吸烟率的下降，有利于保护公共健康。

二、双方争议焦点

（一）乌拉圭政府实施两项控烟措施是否构成征收

申请人认为，乌拉圭政府实施的"单一外观要求"和"80/80 规则"，是对其在乌拉圭投资的征收行为，违反了《瑞士—乌拉圭 BIT》第 5（1）条。在"单一外观要求"生效以后，申请人注册商标下的 13 个子品牌中的 7 个被迫退出市场，损害了申请人的知识产权和商誉价值。而"80/80 规则"对剩余的 6 个子品牌造成了两种短期影响：其一，两种自主品牌于 2009 年在市场上中断销售；其二，对申请人品牌权益和定价能力造成侵蚀。这两种短期影响损害了品牌的权益。申请人声称，由于申请人旗下香烟包装外观的恶化，导致 Abal 公司被迫在维持市场份额和维持过去的价格收益之间作出选择。这又实质性地影响了申请人基于投资可能获得的利润和纳税，因为吸烟者为申请人旗下产品支付溢价的意愿降低。申请人承认仍然在盈利，但是其认为每个品牌，包括每个子品牌和每个品牌本身就是其合法拥有的独立投资。因此，子品牌的销售中断以及对剩余品牌的干

---

① Philip Morris Brands Sàrl and ors v. Uruguay，ICSID Case No. ARB/10/7，Award，28th June 2016，paras.15—39.

② Ibid.，paras.40—43.

扰构成了征收。①在此情形下，乌拉圭政府没有给予申请人充分、有效的补偿，构成非法征收。

被申请人认为，无论是"单一外观要求"还是"80/80 规则"均不构成征收，也无需补偿，这两项控烟措施是乌拉圭政府为保护国民健康，善意、非歧视地行使具有主权性质的警察权的行为。首先，Abal 公司仍然在盈利，控烟措施没有对申请人在乌拉圭的投资造成严重经济影响，以至于变得毫无价值。其次，申请人在乌拉圭的知识产权投资必须符合乌拉圭国内法。根据乌拉圭《商标法》第 14 条，商标权是一种消极权利，即排除他人未经许可使用商标权的权利，而非可以由商标权人积极行使的权利。最后，申请人未在乌拉圭注册其商标下的 13 个子品牌，即并未合法拥有这些子品牌的所有权。②

（二）乌拉圭政府实施两项控烟措施是否违反公平公正待遇

申请人认为，乌拉圭政府实施的两项控烟措施，即"单一外观要求"和"80/80 规则"未给予其投资公平公正待遇，违反了《瑞士—乌拉圭 BIT》第 3（2）条。首先，这宣布实施两项控烟措施的立法是武断的，非但不是出于公共目的，而且给申请人的投资造成了重大损害。其次，这两项控烟措施破坏了申请人对于投资使用和收益的合理期待，包括被允许使用品牌资产的期待。最后，这两项控烟措施破坏了乌拉圭在 BIT 中承诺的向投资者提供稳定的国内法律框架。

被申请人认为，第一，"单一外观要求"和"80/80 规则"均出于保护公共健康的目的、并且以善意、非歧视的方式实施的，而非异乎寻常的、令人震惊的、恶意或有意漠视的。第二，即使仲裁庭认同申请人的主张，认为公平公正待遇是一项独立自主的外资待遇标准，申请人的诉求也不应得到仲裁庭的支持，因为被诉的两项控烟措施与国家欲实现的公共健康目

---

① Philip Morris Brands Sàrl and ors v. Uruguay，ICSID Case No. ARB/10/7，Award，28th June 2016，para. 180.

② Ibid.，para. 181.

标之间有逻辑联系。第三，申请人无权基于公平公正待遇标准提起诉讼，因为申请人实施欺诈行为在先。

申请人与被申请人同意，公平公正待遇发源于国际最低待遇标准，Neer 案首次确立了习惯国际法下保护外国人的最低标准。但是双方关于如何确定《瑞士—乌拉圭 BIT》第 3（2）条项下公平公正待遇义务的内涵产生了分歧。申请人认为，根据《瑞士—乌拉圭 BIT》第 3（2）条"缔约一方应确保给予缔约他方的投资以公平公正待遇"，公平公正待遇应是一项独立自主的外资待遇标准。被申请人援引的用以证明公平公正待遇等同于国际最低待遇标准的仲裁案例，均是 NAFTA 第 1105 条项下发生的争议，与本案所涉条约不同。即便如被申请人所说，公平公正待遇可以与国际最低待遇标准画等号，国际最低待遇标准作为一项习惯国际法规则的内涵也已随着国家实践和法律确信而得以发展，不能依据被申请人提出的"异乎寻常""令人震惊"等标准认定公平公正待遇标准的内涵。被申请人坚持，公平公正待遇是一种法律术语，违反国际最低待遇标准没有改变，如果申请人主张已经有所变化，应当承担举证责任。[1]

（三）乌拉圭法院有关两项控烟措施的判决是否构成拒绝司法，进而违反公平公正待遇

申请人认为，乌拉圭国内法院有关"单一外观要求"和"80/80 规则"的审理构成拒绝司法，违反了《瑞士—乌拉圭 BIT》第 3（2）条项下公平公正待遇义务。其一，申请人先后在乌拉圭最高法院和乌拉圭行政裁判所针对"80/80 规则"起诉乌拉圭政府，但是却得到了两份自相矛盾的判决；其二，申请人在乌拉圭行政裁判所针对"单一外观要求"起诉乌拉圭政府，但是法院没有全面审查 Abal 公司提出的证据、主张及观点等，违反正当程序。因此，乌拉圭法院有关两项控烟措施的判决属于拒绝司法，违反了公平公正待遇。

---

[1] Philip Morris Brands Sàrl and ors v. Uruguay, ICSID Case No. ARB/10/7, Award, 28th June 2016, paras.308—315.

被申请人认为,乌拉圭司法系统的公正性和乌拉圭国内法治程度是国际社会有目共睹的,可以排在南美洲国家前列。乌拉圭最高法院和乌拉圭行政裁判所对"80/80 规则"的裁判不是自相矛盾的,其只是在各自管辖范围内作出裁判;而乌拉圭行政裁判所对"单一外观要求"的审理不存在严重影响判决结果的程序不正当,不属于公平公正待遇义务内涵中的拒绝司法。此外,申请人也没有用尽国内救济,何谈拒绝司法。

双方同意,拒绝司法属于违反《瑞士—乌拉圭 BIT》第 3 (2) 条项下公平公正待遇义务的情形之一。①

三、仲裁庭观点

(一) 乌拉圭政府实施两项控烟措施不构成征收

根据《瑞士—乌拉圭 BIT》第 1 (2) (d) 条,商标权以及与商标使用有关的商誉属于"受保护的投资",为确定申请人的投资是否被征收,仲裁庭将依次解决以下三个问题:申请人是否拥有被禁止使用的商标;商标权是一种授予性使用权还是排除他人妨害的权利;被申请人的两项控烟措施是否征收了申请人的投资。

1. 申请人是否拥有被禁止使用的商标

(1) 被申请人能否对申请人的商标所有权提出异议。

被申请人认为与争议有关的商标不属于申请人所有。根据乌拉圭《商标法》,"使用的商标必须与注册商标完全一致","任何对注册商标进行的修改都必须重新予以注册登记",因此申请人在其注册商标下使用的若干子品牌与注册商标相比并非完全一致,需要重新注册,否则不受乌拉圭《商标法》保护,申请人也不拥有这些未经注册商标的所有权。申请人认为,被申请人的上述主张应当在程序性审理环节(管辖权阶段)提出,现仲裁案件已进入实质性审理环节,再提出对商标所有权的异议已经超出时

---

① Philip Morris Brands Sàrl and ors v. Uruguay, ICSID Case No. ARB/10/7, Award, 28th June 2016, paras.483—486.

效。此外，仲裁庭在管辖权裁决中指出，被申请人对申请人投资的描述无异议，因此被申请人无权再挑战申请人对争议商标的所有权。

对此，仲裁庭认为，申请人提出超出时效的主张没有援引法律依据。根据诉讼的基本理念，双方应有机会对于某一问题进行辩论。在程序性审理环节，申请人仅一般性地申明其投资包括了某些商标，没有列出确切的商标。仲裁庭在此阶段也仅根据《ICSID 仲裁规则》第 25（1）条之规定，确定"投资"的存在，没有进一步列明投资清单。因此，仲裁庭在实质性审理环节，仍然有权处理申请人是否拥有被禁止使用的商标的争议。[①]

（2）是否有必要确定申请人对案涉商标的所有权。

申请人指出，乌拉圭根据《保护工业产权的巴黎公约》（PC）颁布的《商标法》规定，对于与注册商标不完全相同且并未改变其显著性的商标，商标法仍要提供法律保护。例如，"轻型"万宝路香烟虽然有不同颜色的外包装，但是仍然保留了"万宝路"商标独特的字体、经典的"屋顶"符号以及菲利普·莫里斯"盾徽"，这都保持了商标的显著性，仅在细节上存在差异，不属于"新"商标，无需重新注册。

仲裁庭认为，根据 PC 第 5（C）（2）条之规定，商标所有人使用的商标，在形式上与其在本联盟国家之一所注册的商标的形式只有细节的不同，而并未改变其显著性的，不应导致注册无效，也不应减少对商标所给予的保护。与之相关的是，PC 第 6（1）条规定商标的申请和注册条件，由本联盟各国的国内法律决定。仲裁庭指出乌拉圭的国内法关于商标的规定与 PC 实际上是一致的。根据乌拉圭《商标法》第 13 条，"任何对已注册商标的调整均需新注册商标，但法律同时不拒绝为已注册商标的调整进行保护"。由此，无论申请人是否拥有对案涉商标的所有权，这些商标都应受到法律保护，也就构成了可能被征收的"合法权

---

① Philip Morris Brands Sàrl and ors v. Uruguay, ICSID Case No. ARB/10/7, Award, 28th June 2016, paras.236—239.

益",所以无需确定申请人对案涉商标的所有权,这与是否构成征收的讨论无关。[①]

2. 商标权是一种使用权还是排除他人妨害的权利

申请人认为,"单一外观要求"和"80/80 规则"均影响了其作为商标权人对于商标的使用。被申请人认为,无论依据何种法律规则,商标权都是一种消极性权利,仅能排除他人未经许可使用。根据乌拉圭《商标法》第 14 条:"对于满足本法所有要求的商标,商标权人可以反对任何可能对使用了该商标的商品或者服务造成误解的商标的使用或者注册。"换言之,法律赋予商标权人对他人试图注册、使用同一商标的异议权,唯有这样排除他人非法使用和注册同一商标,才能保证商标权人在经营中使用注册商标的可能性。此外,被申请人援引 1994 年烟草公司与世界知识产权组织(WIPO)的一次交流,WIPO 明确表示商标的注册与商标的使用是相互独立、具有不同性质的两个问题。对此,仲裁庭采取谨慎态度。

(1)《巴黎公约》。仲裁庭认为 PC 对商标未作出详细规定,仅规定由各成员国国内法调整商标的注册和申请。唯一的例外是成员国对于在其他成员国已经注册的商标必须接受其商标注册申请,除非已经声明保留;仲裁庭不能确定烟草公司与 WIPO 的交流具备何等法律效力,但是 PC 中没有任何条款表明,商标权是一种积极的使用权;相反,如果一个商标在一段合理的时间内没有得到使用,将被注销。

(2)《与贸易有关的知识产权协定》。申请人援引《与贸易有关的知识产权协定》(TRIPS)第 20 条,"在贸易过程中使用商标不得受特殊要求的无理妨碍,例如要求与另一商标一起使用,以特殊形式使用或要求以损害其将一企业的货物或服务区别于另一企业的货物或服务能力的方式使用。此点不排除要求将识别生产该货物或服务的企业的商标与区别该企业的所涉具体货物或服务的商标一起使用,但不将两者联系起来",认为这似乎

---

① Philip Morris Brands Sàrl and ors v. Uruguay, ICSID Case No. ARB/10/7, Award, 28th June 2016, paras.240—254.

暗示商标权是一种使用权，因为 TRIPS 禁止成员国对贸易过程中商标的使用施加不合理的要求。

仲裁庭认为，如果 TRIPS 意在设定一种使用权，那么 TRIPS 应当增设一条"使用权"条款，而不是仅禁止成员国对商标的使用造成无理妨碍。相反，TRIPS 第 16 条规定："注册商标的所有权人享有专有权，以阻止所有第三方未经该所有权人同意在贸易过程中对与已注册商标的货物或服务的相同或类似货物或服务使用相同或类似标记，如此类使用会导致混淆的可能性。"这明显表明商标权是一种专有权、排除权。

(3)《南方共同体市场协定》。申请人援引《南方共同体市场协定》(MERCOSUR Protocol) 第 11 条，"商标的注册应当授予商标所有权人一项排他性的使用权，即防止任何人在未经商标所有权人同意的情况下使用商标的权利……"，认为此条授予了商标两种不同的权利，即排除性使用权和防范的权利。被申请人认为，排除性使用权意为排除他人未经许可的使用，这可以在《南方共同体市场协定》西班牙语版本中得到印证。仲裁庭支持了被申请人的观点，认为《南方共同体市场协定》没有授予申请人诉称的使用权。[1]

综上所述，仲裁庭认为申请人援引的一系列法律依据均不能支持其认为商标权是一种使用权的观点。商标权是一种相对于其他人而言具有排他性的使用权，是相对的。它不是一种可以用于对抗作为管理者的国家的一种绝对的使用权，须服从国家的监管。

3. 被申请人的两项控烟措施是否征收了申请人的投资

被申请人认为，申请人不享有对商标的使用权，也就不存在可被征收的权利。仲裁庭不同意被申请人的上述观点，认为商标权不是一种使用权并不意味着商标权不属于乌拉圭法律规定的"财产权"。

仲裁庭指出，商标是财产，法律应当保护商标所有权人对商标的使

---

[1] Philip Morris Brands Sàrl and ors v. Uruguay, ICSID Case No. ARB/10/7, Award, 28th June 2016, paras.255—271.

用。作为一种智力财产,商标与贸易之间具有天然的内在联系,因为商标是生产者和消费者之间的桥梁,消费者依靠商标来辨认商品提供者。必须假定商标一经注册就应投入使用,尽管有时只是为了排除他人未经许可非法使用。因此,申请人有可被征收的财产性权利。

(1)"80/80 规则"不构成征收

申请人认为"80/80 规则"使品牌价值降低,直接影响了 Abal 公司赚取溢价的能力,构成间接征收。仲裁庭认为,申请人的这一主张缺乏证据。申请人销售的香烟盒上仍然可以使用万宝路商标及其他具有独特性的元素,以供消费者识别、区分本企业与其他企业的香烟产品。在"80/80 规则"下,香烟盒仍有 20% 的部分可供申请人使用,不会对申请人的经营活动产生实质性影响。因此,乌拉圭政府实施"80/80 规则"不构成征收,没有违反《瑞士—乌拉圭 BIT》第 5 条。①

(2)"单一外观要求"不构成征收。

在乌拉圭政府出台第 514 号法令,要求烟草制品使用"单一外观要求"之前,申请人旗下的 6 个香烟品牌共有 13 种不同的外包装,包括万宝路香烟(万宝路—红、万宝路—金、万宝路—蓝、万宝路—薄荷绿),嘉年华香烟(嘉年华、嘉年华—蓝、嘉年华—50/50),菲利普·莫里斯香烟(菲利普莫里斯、菲利普莫里斯—蓝),帕米亚香烟(帕米亚、帕米亚特别版),Casino 香烟以及 Galaxy 香烟。这些都是受到《瑞士—乌拉圭 BIT》保护的、相互独立的投资资产。而"单一外观要求"禁止了 7 种外包装的使用,即相应商标下子品牌香烟无法继续投入市场销售,损害了商标权及相关商誉价值。乌拉圭对此没有给予申请人充分、有效的补偿,违反《瑞士—乌拉圭 BIT》第 5 条。被申请人认为"单一外观要求"没有使申请人的投资利益受到严重损害,其投资没有被"有效"地剥夺。

第一,被征收的投资是将投资视为一个整体,还是只可识别的独立投

---

① Philip Morris Brands Sàrl and ors v. Uruguay, ICSID Case No. ARB/10/7, Award, 28th June 2016, paras.272—276.

资？仲裁庭认为对于这一问题的回答应基于具体案情，进行个案分析。申请人方的专家指出，在本案中，Abal 公司销售的各品牌香烟对于消费者来说是具有不同品质的烟草制品。万宝路香烟是 Abal 公司旗下最高端的香烟产品，并且以最高的溢价在市场中销售，获取的利润占 Abal 公司在乌拉圭市场中总利润的 45％。因此，申请人方专家计算了每个子品牌香烟因单一外观要求的实施而产生的经济损失。

被申请人用了一个比喻反驳申请人的上述观点。被申请人指出，假设一个投资者在东道国建有 13 栋房屋，如果直接征用其中一栋房屋，毫无疑问将构成征收。但是，如果一项普遍适用的法律禁止使用危害人体健康的石棉建造房屋，投资者建造的 13 栋房屋里将有 7 栋因含有石棉而被禁止使用，这是否构成征收，需要考虑措施本身及措施对投资价值的影响。

仲裁庭认为，为解决实施单一外观要求是否构成征收行为，应当将申请人的经营活动视为一个整体，对其整体投资价值是否受到"实质性"影响进行评估。

第二，对投资价值造成何种程度的影响将构成征收？仲裁庭认为，就间接征收而言，如果被申请人的两项控烟措施实施后，申请人的投资仍然保留了显著价值，则不构成征收。根据大量仲裁先例，仅存在潜在利润损失不构成间接征收。例如在 LG&E 诉阿根廷案中，仲裁庭指出当投资继续运营时，对于投资继续经营能力的干扰不构成征收，即使这一干扰已经导致投资者利润的消失。换言之，间接征收的影响必须是实质性的。[①]

在本案中，虽然申请人指出，如果没有这两项控烟措施，Abal 公司将有机会赚取更多利润，但申请人也承认被申请人实施两项控烟措施后，2011 年 Abal 公司的盈利能力有所回升。因此，被申请人的两项控烟措施

---

① LG&E Energy corp，et al. v. Argentine Republic，ICSID Case No.ARB/02/1，Decision on Liability，13 October 2006，para.191.

没有对申请人的投资造成实质影响，不构成征收。

第三，具有永久主权性质的警察权是否可以对抗《瑞士—乌拉圭 BIT》第 5（1）条项下义务。申请人认为，即使被申请人出于保护公共健康的目的征收投资，也应给予申请人补偿。国家行使警察权不构成对于征收的抗辩理由。仲裁庭不同意申请人的上述观点，指出应当依据《维也纳条约法公约》第 31（1）（C）条解释《瑞士—乌拉圭 BIT》第 5（1）条，即考虑适用于当事国间关系之任何有关国际法规则，包括习惯国际法规则。

仲裁庭援引了 1961 年《国家对外国人损害之国际责任公约草案》、1987 年《美国对外关系法第三次重述》、2004 年经济合作与发展组织研究报告，认定一国善意、非歧视行使警察权而对外国人财产造成的损害不构成征收且无需赔偿。进而，仲裁庭援引了一系列涉及公共健康和其他公共利益领域的投资条约仲裁判例指出，尽管一国善意、非歧视行使警察权作为间接征收的例外并没有得到投资条约仲裁庭的立即承认，但是自 2000 年以来投资条约仲裁实践出现的一致趋势是，认为一项措施是否构成征收取决于国家行为的性质和目的，进而将善意、非歧视地行使警察权的措施排除在了间接征收之外。①

综上所述，乌拉圭政府实施两项控烟措施不构成征收。

（二）乌拉圭政府实施两项控烟措施不违反公平公正待遇

仲裁庭指出《瑞士—乌拉圭 BIT》第 3（2）条的措辞与其他条约中惯常使用的"公平公正待遇条款"有独特之处，既未提及"根据国际法"给予缔约他方投资者公平公正待遇，也未提及"习惯国际法"或"国际最低待遇标准"。因此，在本案中，《瑞士—乌拉圭 BIT》给予投资者的公平公正待遇既非如申请人主张的独立自主的外资待遇标准，也非如被申请人主

---

① Philip Morris Brands Sàrl and ors v. Uruguay，ICSID Case No. ARB/10/7，Award，28th June 2016，paras. 277—307.

张的国际最低待遇标准，应当按照《维也纳条约法公约》第 31 条、第 32 条予以解释。

1. 违反公平公正待遇的情形

仲裁庭认为，根据《维也纳条约法公约》第 31 条和第 32 条，应当综合考虑国际法规则、习惯国际法以确定《瑞士—乌拉圭 BIT》第 3（2）条的范围及内容。在 Chemtura 诉加拿大案中，仲裁庭援引了 Mondev 诉美国案指出，公平公正待遇的内涵已经发生了极大的改变，与 20 世纪 20 年代侧重保护外国人人身安全的理念不尽一致，违反公平公正待遇的门槛也不再需要达到"异乎寻常""令人震惊""恶意漠视""不可容忍"的程度。我们不应忽视习惯国际法的演进，也不能忽视近年来 BIT 缔约实践对此种演进的影响。①

诸多国际投资仲裁实践已经大致勾勒出公平公正待遇的内涵框架。在 Genin 诉爱沙尼亚案中，仲裁庭认为违反公平公正待遇的情形包括对履行义务的消极态度、远低于国际标准的不充分行为或主观恶意;②在 Saluka 诉捷克案中，违反公平公正待遇的情形包括损害投资者的合理期待、缺乏透明度、采取不合理或具有歧视性的措施。③在其他一些案件中，违反公平公正待遇的情形还包括任意专断、歧视、将投资者暴露于有组织的或种族的偏见之中。

结合本案案情，仲裁庭将着重考虑两种违反公平公正待遇的情形：其一，实施武断、专断或歧视性行为；其二，未能提供稳定的国内法律框架，损害投资者的合理期待。④

---

① Mondev v. United States of America，ICSID Case No.ARB（AF）/99/2，Award，11 October 2002，para.124.

② Alex Genin, Eastern Credit Limited，Inc. and A.S. Baltoil v. The Republic of Estonia，ICSID Case No.ARB/99/2，Award，25 June 2001，para.395.

③ Saluka Investments BV v. The Czech Republic，UNCITRAL，Partial Award，17 March 2006，para.309.

④ Philip Morris Brands Sàrl and ors v. Uruguay，ICSID Case No.ARB/10/7，Award，28th June 2016，paras.316—324.

2. 被申请人的两项控烟措施不属于专断行为

申请人认为乌拉圭政府实施的"单一外观要求"和"80/80 规则"两项控烟措施是专断的，缺乏科学依据、缺乏公共机构咨询、缺乏措施与目标之间的合理联系。首先，没有证据表明多样化的香烟外包装会对消费者产生误导，使用不同颜色与商品本身的健康风险之间不存在必然联系。其次，被申请人未能提供证据证明乌拉圭政府在颁布两项法令实施控烟措施之前经过仔细审议，FCTC 也并未要求乌拉圭履行此类条约义务。最后，没有证据表明，将健康警示标识的面积比例提升为 80% 比原有的 50% 更能使消费者知晓烟草制品的健康危害。事实上，两项控烟措施开始施行后，乌拉圭的烟草消费量没有降低。①

被申请人认为根据 ELSI 案，专断行为即有意忽略正当程序，冲击了正义感和秩序感的行为。如果一国政府的监管行为构成专断行为，其必然是严重缺乏正当程序、明显不具有合法目的、反复无常的行为。②对此，申请人应当承担举证责任，证明乌拉圭政府以明显专断的方式颁布了两项控烟法令。被申请人还指出，申请人通过在香烟外包装上印制"轻型""柔和型"及"超轻型"等表述，欺骗消费者，使消费者将不同颜色与不同健康危害程度的香烟联系起来。乌拉圭政府严格履行 FCTC 第 11 条和第 13 条项下义务，实施"单一外观要求"，这一点也在 WHO 和 FCTC 秘书处的证词中得以证实。此外，健康警示标识的作用在于向消费者传递健康风险信息，面积越大越能引起消费者的注意，WHO 和 FCTC 秘书处的证词证实了这一点，并且已经成为国际社会的共识，目前已有 20 多个国家要求烟草制品外包装的健康警示标识的面积占比提升到 50% 以上。

仲裁庭认为，正如被申请人指出的那样，国际法院在 ELSI 案中，确立了专断的内涵。基于这种定义，被申请人的两项控烟措施不构成专断行

---

①② Philip Morris Brands Sàrl and ors v. Uruguay，ICSID Case No.ARB/10/7，Award，28th June 2016，paras.325—339.

为。第一，被申请人实施控烟措施是为了保护社会公共健康，根据 WHO 及 PAHO 专家证词，单一外观要求和提升健康警示标识面积占比均能有效减少烟草消费。第二，申请人承认没有哪一种香烟一定比其他种类的香烟更加安全，却指控被申请人的控烟措施缺乏科学依据。现有证据表明，标注"清淡"或"低焦油"等描述与消费者对于健康风险的错误预期密切相关。而申请人自 20 世纪 70 年代开始就公开误导消费者，让他们相信清淡或者低焦油卷烟比其他卷烟更健康进而成为戒烟以外的替代健康措施。第三，一国政府承担公共健康保护的责任。仲裁庭尊重一国政府对于采取何种措施保护本国公共健康的判断，除非这种措施不具有合理性或明显缺乏正当理由。本案中，乌拉圭政府实施的两项控烟措施都有合理依据，相关法令的前言部分明确指出立法依据分别是 FCTC 第 11 条和第 13 条。

综上所述，"单一外观要求"和"80/80 规则"均是合理的、非专断的、整体上公平正义的措施，对 Abal 公司带来的经济影响也很微小，因此被申请人两项控烟措施不属于专断行为，不违反公平公正待遇。①

3. 被申请人的两项控烟措施没有损害投资者的合理期待

申请人认为，给予投资者公平公正待遇应包括维持国内法律框架的稳定性，保护投资者的合理期待。但是，乌拉圭颁布法令实行控烟措施破坏了这种稳定性，超出了可接受的变化幅度；申请人在乌拉圭进行了大量投资，有权期待乌拉圭政府允许申请人继续利用其拥有的品牌资产，免受没有充分理由和合理目的的强制规则的约束，尊重申请人的知识产权，确保申请人能够获得公正、无偏见、有效的国内司法救济。②

被申请人认为虽然投资者有权期待东道国维持国内法律框架的稳定性，但这不意味着法律必须一成不变，这是不可想象的。公平公正待遇条款仅是禁止缺乏正当理由的法律变化。③

---

① Philip Morris Brands Sàrl and ors v. Uruguay，ICSID Case No. ARB/10/7，Award，28th June 2016，paras. 388—420.

② Ibid.，paras. 340—350.

③ Ibid.，paras. 375—377.

仲裁庭认为，EDF 诉罗马尼亚案表明，不能对合理期待及维持国内法律框架的稳定性作宽泛解释，否则公平公正待遇将冻结东道国政府监管外资经济活动的权力，显然是不合法、不合理的。[①]同样地，El Paso 诉阿根廷案指出，当严重的经济危机出现时，国内法律框架不可能不发生变化，一个理性的投资者应当有这种预期。[②]此外，申请人没有提供证据证明乌拉圭政府在其作出投资时作出了特殊的承诺或保证，本案涉及的是与公共健康保护有关的行政立法，即抽象行政行为。像香烟这样的有害产品的生产者和销售者只能期待将会有新的更严格的控烟措施，而且乌拉圭政府从未给任何生产者和销售者以任何承诺；相反，在全世界对烟草危害达成广泛共识时，一个理性的投资者应当预见到东道国对烟草制品销售和使用的管制只会日益严格。东道国出台立法本身也不能作为打破原有合理预期的正当理由。《瑞士—乌拉圭 BIT》第 3（2）条并未排除政府施行新规则的权力，即便这些规则是领先于国际实践的，但只要具备合理基础并且是非歧视的即可。乌拉圭政府对于保护公民的健康有无可争辩的和不可剥夺的权力。同时，实施两项控烟措施也是乌拉圭严格履行 FCTC 义务的结果。考虑到新措施对 Abal 公司产生的微小的负面影响，不能认为被诉措施超出了可接受的变动幅度。[③]

综上所述，乌拉圭政府实施两项控烟措施不违反公平公正待遇。

（三）乌拉圭法院有关两项控烟措施的判决不构成拒绝司法

1. 构成拒绝司法的标准

在实体标准方面，申请人和被申请人同意，拒绝司法无需主观恶意。双方都援引了 Arif 诉摩尔多瓦案。该案指出如果东道国司法机关审理案件

---

① EDF Limited v. Romania，ICSID Case No.ARB/05/13，Award，8 October 2009，para.219.

② El Paso Energy International Co. v. Argentine Republic，ICSID Case No.ARB/03/15，Award，31 October 2011，para.319.

③ Philip Morris Brands Sàrl and ors v. Uruguay，ICSID Case No.ARB/10/7，Award，28th June 2016，paras.421—435.

时，在程序上显失公平，并且做出了存在令人无法容忍的错误又具有拘束力的裁判，则构成拒绝司法，进而构成对公平合理待遇的违反。仲裁庭强调如果外国投资者主张东道国拒绝司法，那么这种挑战国家司法体系本身的诉讼，其证明标准较高，并且以用尽东道国司法救济为前提。正如以往案件的裁判中所说的那样，"拒绝司法意味着国家体系作为一个整体未能满足（提供司法救济的）最低标准"。拒绝司法的主张在国际法上必须是由"清晰的"证据证明司法体系"令人无法容忍"的失败、存在"系统性的不公平"或者被指责的裁决"显然不适当和歧视"。

在程序标准方面，仲裁庭认为重大程序错误在个案中也可能导致拒绝司法。仲裁庭认为只要符合上述实体问题的证明标准即可，无须考虑是否影响到了法庭的裁判结果。关于用尽当地救济的举证责任，仲裁庭注意到这是投资者主张东道国拒绝司法必须满足的前提。申诉方应当证明不存在能够有效充分救济的可用方法，或者即使方法可用但救济显然是徒劳的。[①]

2. 有关"80/80 规则"不存在自相矛盾的判决

申诉人认为乌拉圭最高法院和行政裁判所的裁判结果是彼此冲突的。最高法院认为"80/80 规则"的上位法第 18256 号法律并未授权乌拉圭公共卫生部可以要求健康警示标识的面积占比超过 50％，而行政裁判所裁判公共卫生部要求健康警示标识面积占比为 80％并未违反第 18256 号法律。申诉人认为这种关于武断性的"奥威尔式"的表现再次拒绝了对 Abal 公司的公平聆讯，构成了拒绝司法。申诉人方的专家证人鲍尔森（Paulsson）教授认为这两个裁判叠加的效果等同于将 Abal 公司挡在"司法之门"外。在乌拉圭司法体系下，最高法院可以适用宪法来确定一部法律的合宪性。然而，这种解释却不能约束行政裁判所对案涉法律法规的合法性审查。两个法庭各自对被诉措施有不同的管辖权，并且在各自管辖的范围内都是最

[①] Philip Morris Brands Sàrl and ors v. Uruguay, ICSID Case No. ARB/10/7, Award, 28th June 2016, paras.498—503.

高司法机构，二者处于平行地位。在本案中，二者就同一个规范性法律文件得出了有所差别的结论。

然而，仲裁庭指出，乌拉圭最高法院对于"80/80 规则"的评价只是"附带说明"，不能约束行政裁判所。仲裁庭认为，行政裁判所未能遵守最高法院的裁判可能是不寻常的，甚至是令人惊讶的，而且乌拉圭司法体系的这种违宪审查和行政诉讼的两分、二者间缺乏冲突的协调机制是很少见的，但是就此认定构成拒绝司法是不合适的。申诉人在乌拉圭经历了法院审理程序，有管辖权的司法机构也给出了包含适当理由的裁判。仲裁庭指出乌拉圭国内司法体系中最高法院与行政裁判所的相互冲突可能是令人遗憾的，但绝不是前所未有的。在欧洲人权法院审理的一起有关《欧洲人权条约》第 6 条解释的案件中，法院认为"缺乏共同的、有约束力的上级法院来协调下级法院间有冲突的判决，并不是土耳其司法体系的独有问题。很多欧洲国家的司法体系内都有两个或以上的最高等级法院且无共同上级法院"。[①]对于这样的司法体系，可能需要花费一定时间达成司法实践的统一性，因此应当容忍不损害法律确定性的冲突案例的存在。

此外，仲裁庭还援引了 Mamidoil 案的裁决。在该案中原告在两个不同的法院起诉税赋过重，但两个案件都没有进入实质审理阶段。该案仲裁庭指出，东道国特有的国内司法体系不应当被认为是不适当的、丢脸的或者令人震惊的。正如鲍尔森教授已经指出的那样，我们应当尊重法律文化的多样性。[②]

3. 有关"单一外观要求"的审理没有违反正当程序

申请人认为乌拉圭行政裁判所忽略了 Abal 公司的主张，案件审理内容与 Abal 公司无关，法院驳回的是其他案件原告提出的诉讼请求及证据。

---

① 　Nejdet Sahin & Perihan Sahin v. Turkey，ECH Application No.13279/05，Judgment of 20 October 2011，paras. 81—86.

② 　Philip Morris Brands Sàrl and ors v. Uruguay，ICSID Case No. ARB/10/7，Award，28th June 2016，paras.504—536.

具体而言，申请人认为自己在三个方面被忽视：一是诉讼请求。Abal 公司主张"单一外观要求"存在不适当：（1）只有立法会通过的"法律"可以剥夺财产权，而作为执法机关的公共卫生部无此权限；（2）单一外观要求超越并违反了它要执行的法律规定；（3）公共卫生部无权实施"单一外观要求"，因为无论是国际公约还是国内上位法都没有此种授权。另案原告仅提出了 Abal 公司主张的第一点，不涉及第二、三点，其具体论证与 Abal 公司亦不相同。二是诉讼证据。Abal 公司向法庭提交了一份政府律师的意见，行政裁判所从未审查这份证据。三是 Abal 公司及时地指出行政裁判所的错误，要求予以改正。然而，行政裁判所寥寥数言驳回了这一请求。

被申请人认为，案卷记录非常清晰地表明乌拉圭行政裁判所已经审查了 Abal 公司的论证及其专家的观点，并作出了令人心服口服的、包含充分说理的裁决。申诉人所主张行政裁判所忽略的相关内容在裁判中都已得到充分考虑。乌拉圭行政裁判所唯一忽略的所谓证据是申诉人提交的专家意见，但根据乌拉圭国内法律，专家意见不能构成证据，所以即便不予审查，也不违反正当程序。

仲裁庭认为，有关单一外观要求的审理是否构成拒绝司法，取决于乌拉圭行政裁判所是否实质上未审理 Abal 公司的主张并给出裁判。仲裁庭注意到法院在事实认定和结论两个部分审理了 Abal 公司的三个主张；法院也分别对 Abal 公司的诉求和论证进行了逻辑推理。法院在审理 Abal 公司提出的第一项诉讼请求的同时，也直接审理了另外两项诉求，认定公共卫生部有权设置"单一外观要求"且并未超越上位法的授权。实施"单一外观要求"是执行上位法和国际条约的必要措施。法院还认定公共卫生部可以规定法律中并未明文规定但对于其履行职能而言必不可少的措施或者要求。同时，仲裁庭注意到这些讨论是在不同的标题下进行的，或许结构不清晰，但这不意味着乌拉圭行政裁判所没有对 Abal 公司的重要论证进行审查。

此外，正如申请人指出的那样，乌拉圭行政裁判所的确忽略了 Abal 公司提交的专家意见,然而应当注意到的是,在乌拉圭国内程序法中专家观点不能被认为是专家证言,专家应当仅对事实问题发表观点而不是对法律问题提出意见。因此,法院可以不考虑与案件所涉法律问题有关的专家意见。

综上所述,仲裁庭认为乌拉圭国内法院有关两项控烟措施的判决均不构成拒绝司法,也无需进一步认定申请人是否用尽当地救济。①

(四)本案的启示及意义

本案仲裁庭根据《维也纳条约法公约》第 31 条、第 32 条习惯国际法规则,从条约文本出发解释公平公正待遇,并且为进一步明确公平公正待遇的内容,根据仲裁先例归纳出公平公正待遇的构成要素及其具体内涵。这种做法值得肯定。

首先,根据《国际法院规约》第 38 条,国际条约和国际习惯是国际法的主要渊源,司法判例仅是辅助性资料,不是国际法的渊源。仲裁庭不应脱离 BITs 本身,无视缔约双方的真实意愿。如果条约文本中未明确将公平公正待遇与国际最低待遇标准挂钩,仲裁庭不能一味地依赖最低待遇标准来界定公平公正待遇,将二者等同,而应当基于 BIT 文本,适用已经形成习惯国际法规则的条约解释方法来解释公平公正待遇。

其次,在国际投资仲裁实践中,仲裁先例对如何解释公平公正待遇有重要参考作用,有助于进一步明确公平公正待遇的具体内涵。但是,仲裁庭在援引仲裁先例时应注意:一方面,仲裁先例并无强制拘束力,对后案只有说服的效力;另一方面,仲裁庭有义务在考虑 BIT 特殊文本以及考量每个案件的特殊案情后,援引与本案具有相关性的仲裁先例,以促进法治发展,提高投资者和东道国对于裁决结果的可预测性。

最后,鉴于 BITs 中已很少将公平公正待遇与国际最低待遇标准挂钩,大量的新近国际投资仲裁实践表明公平公正待遇正逐渐成为一项独立自主的外资待遇标准,部分仲裁庭仍然将目光停留在十几年前,并且不加以区

---

① Philip Morris Brands Sàrl and ors v. Uruguay, ICSID Case No. ARB/10/7, Award, 28th June 2016, paras.537—581.

分地援引与具体案情有明显差异的仲裁先例，进而将公平公正待遇等同于国际最低待遇标准的做法是不可取的。

虽然本案仲裁庭没有全面地归纳公平公正待遇的所有构成要素，但是仲裁庭细致地分析了"非专断和非歧视待遇""保护合理期待"以及"不得拒绝司法"三个要素，阐明了各自的适用条件。就"非专断和非歧视待遇"而言，仲裁庭认为，专断意味着基于厌恶或偏好，无理由并且故意忽略事实进行个人裁量，或者漠视法律程序，缺乏司法正当性；歧视意味着在相似情况下投资者受到区别对待，并且东道国无法给出合理解释。就"保护合理期待"而言，这种期待建立于投资者作出投资决定之初，并且来源于东道国商业环境、立法与行政框架、东道国对投资者作出的具体承诺等；东道国经济政策的变化、东道国改变投资者在作出投资时所信赖的安排或具体承诺等都会损害投资者的合理期待。除此之外，东道国实行专断与歧视待遇、以缺乏透明度的方式改变投资者长期依赖的法律框架，同样构成损害投资者的合理期待，违反公平公正待遇。就"不得拒绝司法"而言，如果东道国司法机关审理案件时，在程序上显失公平，并且做出了存在令人无法容忍的错误又具有拘束力的裁判，则构成拒绝司法；此外，重大程序错误在个案中也可能导致拒绝司法。

从本案的裁决可以看出，公平公正待遇具有演进性的特点，它不会被赋予一个确定的、清晰的定义，需要遵循条约解释方法并且结合案件的具体情况对其进行灵活解释。这恰恰是公平公正待遇的优点，因为在实践中无法抽象地去预期投资者会遭受何种损害，独立自主的公平公正待遇有利于在个案中实现实体正义，进而平衡东道国和投资者的利益。近年来，大量的国际投资仲裁裁决已经大致勾勒出了公平公正待遇的具体适用情形。虽然仲裁庭所归纳的公平公正待遇的要素不是穷尽的，但我们仍然可以通过考察国际投资仲裁庭的实践，明确目前得到仲裁庭普遍认可的公平公正待遇的内容，有助于进一步思考如何科学地设计我国对外签订的 BITs 中的公平公正待遇条款。

第四节　Pey Casado 诉智利案

一、基本案情

（一）案件基本信息

表 4-4　Pey Casado v. Chile 案基本信息

仲裁庭	国际投资争端解决中心（ICSID）仲裁庭
裁决时间	2016 年 9 月 13 日
案号	ICSID Case No.ARB/98/2
关键词	投资者的认定；公平公正待遇；征收
当事人	申请人：Pey Casado 被申请人：智利

（二）案情简介①

Víctor Pey Casado（简称裴卡萨多）1915 年出生于西班牙，在 1939 年移居智利，并居住至 1943 年。他拥有西班牙国籍和智利国籍。他的女儿裴格里布于 1953 年 12 月 27 日出生于智利，拥有西班牙国籍。裴卡萨多与 1970 年 9 月 4 日获选的智利总统萨尔瓦多·阿连德系朋友关系。在 20 世纪 70 年代早期，裴卡萨多与智利的一家名叫 El Clarín 的报社（简称克拉林报社）进行联系，该报社由 Messrs Darío Sainte-Marie 和 Merino Liana 两人共同建立，并由新闻与广告联盟股份有限公司（简称 CPP）通过其全资子公司克拉林新闻有限公司（简称 EPC）进行控股。克拉林报社有着明确的左倾倾向，为阿连德总统领导的社会主义联盟提供了强有力媒体支撑。1972 年 10 月 2 日，在 Sainte-Marie 先生离开智利前往西班牙后，裴卡萨多购买了 CPP 的 40 000 份额的股权。1973 年 9 月 11 日，阿连德政府

---

① Víctor Pey Casado and President Allende Foundation v. Republic of Chile，ICSID Case No.ARB/98/2，Award，13 September 2016.

在奥古斯托·皮诺切特将军领导的政变中被推翻；同一天，皮诺切特将军的军队占领了克拉林报社的屋舍且查封了裴卡萨多办公室的文件。1973 年 10 月 8 日，智利颁发了第 77 号法令规定："所有马克思主义实体以及其附属实体连同它们所有的财产都收归为智利共和国所有。"因此，克拉林报社的财产都被皮诺切特的军队所掌控，这些财产也因 1975 年颁发的第 165 号法令被正式没收。

1973 年 10 月 27 日，裴卡萨多被准许离开智利去往委内瑞拉，再从委内瑞拉去往西班牙，此后其在西班牙居住到 1989 年。同年，智利的民主政府回归获得统治地位。1990 年 1 月 16 日，根据西班牙法律的规定阿连德总统基金会（简称基金会）设立。裴卡萨多将其持有的 CPP 和 EPC 的 90％股份在同年赠与基金会。1995 年 9 月 6 日，裴卡萨多向智利时任总统写信请求回复卡拉林报社所遭受的损失。1995 年 10 月，裴卡萨多在圣地亚哥第一民事法庭（简称圣地亚哥法庭）提起诉讼，请求赔偿军队政权控制克拉林报社屋舍和财产期间高斯印刷出版社被没收所产生的所有损失（简称为高斯出版案）。1995 年 11 月 20 日，智利国有资产部门部长在信中作出回复："智利政府正在实行一个恢复计划，该计划旨在赔偿个人因军队政权没收财产行为遭受的损失。"1996 年 1 月 10 日，裴卡萨多再次向智利总统写信，请求其立即赔偿损失。

1998 年 7 月 23 日，智利政府依据其在 1998 年 6 月 12 日颁发的第 19.568 法令，开始实施前述损失赔偿计划，并通知和邀请裴卡萨多加入该计划。1999 年 6 月 24 日，裴卡萨多和基金会共同向智利国有资产部门部长明示放弃 CPP 和 EPC 在第 19.568 法令项下享有的损害赔偿请求权。2000 年 4 月 28 日，智利国有资产部门颁发了第 43 号决定，其授予 4 位公民享有因 CPP 和 EPC 被没收的损害赔偿权利，他们都符合国有资产部门规定的享有损害赔偿请求权的条件，即拥有 CPP 和 EPC 的财产所有权。

1997 年 11 月 7 日，根据 1994 年 3 月 29 日生效的西班牙王国和智利共和国保护和促进投资的互惠协定（简称双边协定）第 10 条规定，裴卡萨多和基金会向 ICSID 提交仲裁申请。该条规定如下："1.本协定项下任何缔约国方和另一缔约国投资者方的投资争议都应尽可能通过友好协商的方式解决。2.如果争议不能在 6 个月内协商解决，投资者应经考量后选择将争议提交到争议缔约国的国内法院管辖或者在符合第三款条件的情况下提请国际仲裁。一旦投资者进行了选择，这项选择就具备不可反悔的约束力。3.如果争议被提请国际仲裁，可能由以下仲裁机构进行审理：ICSID 或者根据联合国国际贸易法委员会仲裁规则建立的临时仲裁庭。4.仲裁机构审理缔约国和另一缔约国投资者的投资争议应采用如下依据：双边协定、双边协定缔约国当事方的法律（包括其法律适用规范）、因争议投资缔结的相关协议规定以及国际法的相关原则。5.仲裁裁决对于争端当事方应具备最终的约束力。6.缔约国应避免通过外交手段对正在进行且尚未终局的仲裁或者司法审理程序进行干涉处理。在案件审理程序终结后，如若争议当事方未依约履行仲裁裁决和法院判决的内容，缔约国可以通过外交手段介入。"该案件于 1998 年 4 月 20 日被受理，ICSID 初审仲裁庭于 1998 年 9 月 14 日组成。

　　1999 年 2 月 1 日，被申请人智利政府提出对初审仲裁庭的管辖权异议。2000 年 5 月，初审仲裁庭对该管辖权异议举行了听证，并于 2002 年 5 月 8 日作出决定将管辖权异议加入案件审理事项中。2000 年 5 月 6 日，加瑟士博士代表裴卡萨多和基金会致信智利国有资产部门，请求其中止执行其作出的第 43 号决定。2000 年 11 月 22 日，智利国有资产部门作出回应，认为其程序合法合理且无中止执行该决定的法律依据。2001 年 4 月 23 日，裴卡萨多和基金会向初审仲裁庭提出申请，请求指示被申请人中止执行第 43 号决定的规定措施，因为这与 ICSID 正在进行审理的仲裁程序不符。随后，2001 年 9 月 25 日，初审仲裁庭拒绝了申请，认为第 43 号决定与征收索赔不存在不符。2002 年 11 月 4 日，裴卡萨多和基金会向圣地亚哥法院提出额外的请求，请求法院中止审判程序，直到圣地亚哥法院将对高斯出版案管辖权转移至 ICSID 的裁定作出之日为止。2002 年 11 月 14 日，圣地亚哥法院驳回该中止申请。

2003 年 5 月上旬，初审仲裁庭在华盛顿对管辖权和事实问题进行了审理。2008 年 5 月 8 日，初审仲裁庭出具了其仲裁裁决，内容如下：（1）克拉林报社被征收而产生的损失不属于双边协定实质性保护范围；（2）除征收克拉林报社的行为之外，被申请人存在对双边协定的两项规定的违反；（3）智利法院经 7 年仍未审理高斯出版案并作出最后判决，构成了司法拒绝，从而违反了双边协定的第 4 条规定；（4）根据第 43 号指令对其他人作出赔偿决定而不包括裴卡萨多和基金会构成了差别对待，违反了双边协定第 4 条规定的对投资者提供公平公正待遇保障。仲裁庭裁决被申请人赔偿裴卡萨多和基金会 10 132 690.18 美元，另外还需支付 200 万美元的法律费用和成本及 1 045 579.35 美元的仲裁程序费用，但是驳回了裴卡萨多和基金会的其他主张。

2008 年 6 月 2 日，依据《ICSID 公约》第 51 条规定，裴卡萨多和基金会对原裁决提出了裁决修订申请，主张现有的事实已经发生改变对仲裁庭裁决产生决定性影响，初审仲裁庭裁决的智利政府应补偿金额需要予以调整，应额外增加损失赔偿金额 7.97 亿美元。此外，裴卡萨多和基金会还主张暂停执行初审仲裁庭作出的裁决。2008 年 7 月 24 日，圣地亚哥法院对高斯出版案作出了判决，法院认为裴卡萨多的诉讼主张没有合法事由，并且他的诉讼主张已经超过了诉讼时效。2009 年 6 月 16 日，国家防卫理事会（简称 CDE）提起单方面的诉请要求撤销该案件，圣地亚哥法院在 2009 年 8 月 6 日裁定驳回了该申诉。2009 年 8 月 12 日，CDE 对该裁定提出了上诉。2009 年 12 月 18 日，圣地亚哥上诉法院宣布原审法院程序应被终止。

2008 年 9 月 5 日，当仲裁裁决修订程序还在进行的同时，被申请人提出了撤销仲裁裁决的申请，理由是存在程序瑕疵使得裁决正当性受损，并且裁决中的法律定性和结论缺乏解释。ICSID 于 2009 年 7 月 6 日受理该申请,临时仲裁庭于 2009 年 12 月 22 日组成。2010 年 5 月 4 日,临时仲裁庭拒绝了裴卡萨多和基金会关于驳回撤销裁决请求的申请。2010 年 10 月 15 日,裴卡萨多和基金会向临时仲裁庭提出了部分撤销仲裁裁决的请求,临时仲裁庭以已逾时效为由拒绝该请求。2009 年 11 月 18 日,初审仲裁庭作出裁决,驳回申请人向初审仲裁庭提出的修订仲裁裁决的请求。

裴卡萨多和基金会直到 2011 年 1 月 27 日才知晓圣地亚哥法院对高斯出版案的判决内容。3 天后,裴卡萨多便向圣地亚哥法院请求撤销其判决,圣地亚哥法院于 2011 年 4 月 28 日裁定驳回裴卡萨多的申请。2012 年 1 月 31 日,裴卡萨多向圣地亚哥上诉法院提起上诉,该法院支持圣地亚哥法院的裁定,并且于 2012 年 7 月 11 日驳回申请人向智利最高法院上诉的申请。

2012 年 12 月 18 日,临时仲裁庭对 ICSID 仲裁庭裁决的撤销问题作出裁决,其内容如下:(1)根据《仲裁规则》第 52 条第 1 款第 d 项到第 e 项,2008 年 5 月 8 日裁决主文的第 4 段落和其他相关的段落有关损害赔偿的内容应被撤销。(2)驳回智利共和国其他撤销申请。(3)驳回申请人对裁决主文第 8 段落的部分撤销申请。(4)认定对于裁决主文 1—3、5—8 段落的内容以及除了第 8 段以外的判决主文内容具备既判力。(5)未被撤销的裁决内容应继续执行,不得有延缓。(6)申请人和被申请人应该分别承担与撤销 ICSID 裁决程序有关费用的一半。(7)申请人和被申请人分别承担其在撤销裁决程序中支出的费用。

2013 年 6 月 18 日,根据《ICSID 条约》第 52 条第 6 款规定,裴卡萨多和基金会提出新的仲裁申请。新仲裁申请于 2013 年 7 月 8 日被 ICSID 受理。根据《ICSID 条约》第 52 条第 6 款规定,仲裁庭于 2013 年 12 月 24 日组成,首席仲裁员富兰克林·柏曼由 ICSID 行政理事会主席根据《ICSID 条约》第 38 条任命,申请人任命的仲裁员是菲利普·桑兹,被申请人任命的仲裁员是亚历克西斯·穆尔。被申请人对仲裁员桑兹提出回避申请,2014 年 1 月 10 日桑兹在向中心的书信中首先阐明不存在需要回避的情形，并且表示在其仲裁员身份被取消前仲裁程序应持续合理进行。2014 年 1 月 13 日，在桑兹提出辞任申请之后，ICSID 委员长通知申请人和被申请人仲裁员的缺位事实，根据《仲裁规则》第 10 条第 2 款仲裁程序应中止。同日，仲裁庭还根据 ICSID《仲裁规则》第 8 条第 2 款规定对桑兹的辞任申请予以认可。2014 年 1 月 31 日，根据《仲裁规则》第 11 条第 1 款，Veeder 被任命填补仲裁员位置空缺，仲裁庭重组完毕。

2014 年 5 月 18 日，仲裁庭颁发了第 1 号程序命令，制定了其书面和口头审理阶段需要遵守的程序规则。对此，申请人和被申请人分别提出了意见。2014 年 12 月 16 日，仲裁庭颁发了第 2 号程序命令。2015 年 2 月 9 日，申请人要求仲裁庭指令被申请人上传如下文件：（1）圣地亚哥法院于 2015 年 1 月 10 日和 2015 年 2 月 3 日作出的两项裁定；（2）法院经搜查获得的文件；（3）对于这些文件的评论。2015 年 2 月 16 日，仲裁庭准予该申请。2015 年 4 月 2 日，仲裁庭颁发第 3 号程序指令，其规定了口头听证及听证意见交流的时间安排表。2015 年 4 月 13—16 日，仲裁庭组织了听证活动。在听证结束后，首席仲裁员根据申请人和被申请人关于《仲裁规则》第 28 条第 2 款费用规定的陈述制定了相关程序。2015 年 5 月 18 日、29 日，申请人和被申请人分别对仲裁费用提出了意见。2015 年 9 月 18 日，申请人向仲裁庭申请将智利最高法院 2015 年 9 月 14 日作出的判决记录在案，仲裁庭予以批准。2016 年 3 月 17 日，仲裁庭根据《仲裁规则》第 38 条第 1 款规定宣布仲裁程序已完结。2016 年 7 月 18 日，仲裁庭通知申请人和被申请人，根据《仲裁规则》第 46 条的规定，仲裁庭将起草和签署裁决的期限又延长了 60 天。

二、双方争议焦点

双方争议焦点可以分为两大类：第一类聚焦于对被申请方提出的管辖权异议的反驳意见；第二类是有关被申请人拒绝司法和没有提供公平公正待遇的损害赔偿性质和金额数量的认定意见。

（一）仲裁庭对案件的管辖权和可受理性的问题

1. 申请人观点

（1）裴格里布可以成为申请人。裴格里布具备重新仲裁程序的申请人身份资格。管辖权从 ICSID 初审仲裁庭仲裁程序开始之日起即确定，不受后续事件的影响。裴格里布是裴卡萨多的权利有效受让人或权利受益人，该被受让的权利已得到初审仲裁庭的承认，包括初审仲裁庭裁决产生的权利。发生权利转让的原因是裴卡萨多本人年事已高。

首先，申请人认为初审仲裁庭承认了裴卡萨多先生系在双边协定项下的适格投资者。申请人认为初审仲裁庭作出的管辖权裁决也同样适用裴格里布，因为裴格里布经受让取得了裴卡萨多在卡拉林报社的股份以及在仲裁中的所有权利。裴格里布和裴卡萨多之间的股权转让生效于 2013 年 3 月 15 日，转让的股权为 CPP 的 10% 以及裴卡萨多在先前仲裁中所拥有的权利以及其他基于他所享有的 CPP 和 EPC 股份所有权产生的诉讼权利主张。当然，此种转让包括了来自初审仲裁庭裁决的损害赔偿请求权。

其次，申请人认为仲裁庭无需再对其管辖权进行重新检视。根据《ICSID 公约》第 25 条第 2 款 a 项，当事各方已同意将申请提交至仲裁，而裴格里布只是以权利受让人的身份出现，并未提出新的主张，不存在新的法律问题。根据现有的国际法规则"权利受让方可以成为争端一方当事人的承继方"，在仲裁程序中权利受让人可以成为仲裁申请人一方，当然也可以在撤销仲裁过程中提出申请。申请人进一步称，裴卡萨多将权利转让给裴格里布是合法有效的，仲裁庭应予以支持。如果被申请人拒绝承认裴格里布的申请人身份，将剥夺初审仲裁庭裁决赋予裴卡萨多的权利。

最后，申请人认为权利转让在西班牙法律下是合法的，不受智利法律管辖。智利法律也支持符合道义的损害赔偿请求权的转让，因此被申请人拒绝承认裴格里布具备申请人身份，属于重复提出其早已被初审仲裁庭予以驳回的管辖权异议。

（2）智利政府存在其他构成拒绝司法的行为，仲裁庭应予以受理并裁定损害赔偿，包括精神损害赔偿。申请人认为除了"高斯出版案 7 年司法未决的事实"之外，智利法院未对第 165 号法令效力作出裁定，以及被申请人在初审仲裁庭裁决作出后的一系列行为都构成了拒绝司法。

首先，智利法院有义务裁定第 165 号法令无效。第一，根据智利公法规定，第 165 号法令显然是无效的。裴卡萨多早在 1995 年已向圣地亚哥法院提请认定第 165 号法令无效，但法院一直未对第 165 号法令的无效性做出回应，违反了司法审判义务。第二，申请人认为，当圣地亚哥法院明确裁定只有 CPP 和 EPC 在案件中具备不可或缺的地位时，第 165 号法令必然无效，因为圣地亚哥法院没有其他理由可以用于认定 EPC 未被征收而存续。圣地亚哥法院本可以对第 165 号法令的效力进行认定却持续拖延的行为构成了拒绝司法。第三，申请人认为智利拒绝司法的行为对初审仲裁庭裁决的事实认定和裁决造成了实质性影响，使得申请人和仲裁庭无法获得相关的判决用以证明被申请人根据第 165 号法令作出的行为自始无效。

其次，被申请人在初审仲裁庭裁决作出后的一系列行为构成拒绝司法。被申请人一直阻碍初审仲裁庭和申请人知晓 2008 年 7 月 24 日判决的内容，违反正当程序，因此违反双边协定中第 4 条"公平公正待遇"。

最后，申请人主张的精神损害赔偿属于拒绝司法行为损害赔偿范围。基于《ICSID 公约》，"对初审仲裁庭已经确定的一项或多项违约行为的应得赔偿的性质"以及"赔偿形式和赔偿数额"属于本案仲裁庭的审理范围，该主张具备可受理性。

（3）不当得利行为具备可受理性。申请人主张因为被申请人的不当得利而利益受损，申请人应获得损害赔偿。申请人早已在 1999 年 3 月向初审仲裁庭提交了有关被申请人不当得利的材料，然而初审仲裁庭未予以认定，所以既判力规则不适用。鉴于 20 世纪 70 年代克拉林报社的解散以及被申请人对 CPP 和 EPC 资产的强制没收，被申请人的行为应被认为构成不当得利。根据智利法律和习惯国际法的规定，不当得利是被禁止的，即使智利没有违反公平公正待遇，仲裁庭也应在不当得利条件满足的情况下对不当得利行为予以裁决。因为被申请人确实非法征收了西班牙国民的投资和投资利益，且在事后未予以补偿，仲裁庭应认定被申请人的不当得利行为并支持申请人损害赔偿请求的主张，该主张具备可受理性。

2. 被申请人观点

（1）裴格里布不能作为申请人参与仲裁程序。被申请人认为，裴格里布并不具备申请人资格。首先，根据《ICSID 公约》第 52 条，只有同是原仲裁和原仲裁裁决撤销程序的申请人和被申请人，才具备参与重新裁决程序的资格。ICSID 规则不允许代替诉讼，裴格里布在任何情况下都不会受益于初审仲裁庭的管辖权裁决。其次，仲裁庭对于裴格里布并不具备属事管辖权，因为她未在智利境内设立适格投资。根据双边协定第 1 条第 2 款的规定，拥有投资资产需支付相应对价，而裴卡萨多将权利转让给女儿裴格里布并未明确有对价。此外，转让的客体是经初审仲裁庭裁决在 20 世纪 70 年代已被征收的财产。再次，申请人具备智利国籍。根据《ICSID 公约》第 25 条第 2 款 a 项的规定，投资者一方不可以是缔约国一方的国民。最后，智利法院拒绝司法行为的相对人并非裴格里布。

（2）申请人的申请事由不具备可受理性。被申请人提出，第 1 号程序令确定了仲裁庭的管辖权范围，即撤销裁决裁定第 359.1 段中确定的事项。申请人有关被申请人在初审仲裁庭裁决作出后的一系列行为违反《双边投资条约》第 4 条的主张，都超出了仲裁庭审查权限，因为这是新的索赔。

（二）拒绝司法的损害赔偿

1. 申请人观点

（1）拒绝司法的损害赔偿应包括金钱损害赔偿、精神损害赔偿、对不当得利的索赔。申请人认为，虽然双边协定第 4 条没有具体规定如何赔偿，但可以援引第 7 条最惠国条款，并以双边协定第 4 条第 6 款和第 7 款为例说明应赋予损害赔偿请求权的理由。隐瞒圣地亚哥法院的判决后果就是初审仲裁庭不能在裁决中列明第 165 号法令的无效事由。申请人认为，初审仲裁庭裁决只是量化了其获得赔偿的权利，应赔偿的损失并非存在一个可限定的类型，当然可以包括精神损失，也不排除对不当得利的索赔。

关于遭受的精神伤害，申请人辩称，智利政府没收 CPP 和 EPC 资产期间，裴卡萨多被列入需要立即向国防部自首的人员名单，使他面临被拘留、遭受酷刑、暗杀或失踪的严重风险，这导致他在委内瑞拉寻求庇护。申请人还认为，自 1973 年以来，因为被告拒绝予以损害赔偿，裴卡萨多一直遭受羞辱和不公正对待。另外，智利国内法承认法人也可以对行政行为造成的伤害寻求精神损害赔偿，申请人认为，对违反公平公正待遇义务的损害赔偿应包括 CPP 和 EPC 投资损失，以及对裴卡萨多和基金会造成的精神损害。申请人认为，即使仲裁庭不准备对精神损害给予赔偿，它至少应考虑到相应的事实，相应增加赔偿数额。

关于不当得利的损害，申请人认为被申请人通过占有和使用被没收的资产，损害了申请人的投资利益，在"没有正当理由"的情况下受益，这本身就产生了归还资产及其使用成果的义务。另外，申请人认为，根据智利民法，被申请人必须退还其恶意持有资产期间的所有收益。因此，被申请人的不当得利包括：（1）在 1973 年 9 月 11 日—2013 年 4 月 22 日期间收取的屋舍租金；（2）在 1973 年没收的不动产和动产价值；（3）被申请人享有和使用高斯出版社的动产产生的其他收益。

（2）被申请人持续以欺诈手段破坏仲裁程序。申请人认为，被申请人一直恶意阻挠初审仲裁庭裁决的执行，并对申请人的投资造成损害。此外，裴卡萨多一直受到智利政府的诽谤。例如，1999 年 6 月 23 日，在《国家报》上称申请人为"说谎者和骗子"；智利国有资产部门对索赔人及其律师进行了侮辱；并且内政部长以裴卡萨多具备西班牙国籍为由拒绝向其签发入境许可。

申请人认为，被申请人向初审仲裁庭提交了具有严重误导性的法律译文，该译文将会改变第 165 号法令自始无效的原因。圣地亚哥法院 2008 年 7 月 24 日的判决完全重复了这些误译。申请人进一步辩称，被申请人的欺诈行为使得仲裁程序陷入瘫痪，即在 1975 年颁布第 165 号法令后初审仲裁庭缺乏属时管辖权,这导致了初审仲裁庭可审理申请人仲裁申请的内容被故意曲解。

申请人认为,被申请人及其代表持续妨碍申请人知悉圣地亚哥法院判决,特别是拒绝回应第 165 号法令的无效性事由。被申请人应当公示国内法院判决,否则构成拒绝司法。

(3)公平市场价值是被申请人对申请人造成损害的适当赔偿标准。申请人认为,赔偿的目的是消除因违反国际义务而造成的物质损害。在本案中,申请人认为损害赔偿及利息应基于投资的公平市场价值来确定。申请人指出,由于其权利被剥夺,包括丧失了因征收 CPP 和 EPC 而获得赔偿的机会,因此赔偿额应等同于这两家公司在被没收前的市场价值。

申请人进一步认为,判决中提到的"赔偿"权利不应被限定性解释,它既包括对精神损害的赔偿,也不排除对不当得利的索赔。申请人认为,由于高斯印刷案的拖延审理,导致了司法不公,剥夺了申请人对智利主张权利的能力。如果圣地亚哥法院没有隐瞒 2008 年的判决,初审仲裁庭在裁决中可能会接受"持续行为"理论,并根据双边协定第 5 条处理征收争议。在计算损害赔偿时,申请人认为关键日期是剥夺所有权的日期,即 1973 年9 月 11 日。然而,考虑到被申请人连续的违反双边协定的行为,申请人认为仲裁庭有权选择一个更晚的日期,如 2008 年 5 月 8 日,作为公司公平市场价值的关键日期,以更全面地行使恢复原状的权利。根据申请人的说法,其遭受的主要损害是 CPP 和 EPC 的资产损失,这两个公司作为全面发展阶段的"持续经营企业",其价值远超有形资产。

申请人认为,计算损害赔偿应当依据国际法而非东道国法律,因此,智利第 19.568 号法律以及根据该法律对其他投资者的赔偿与本案的损害赔偿计算无关。申请人援引霍茹夫工厂案认为,应赔偿克拉林报社的经济损失,同时赔偿申请人因遭受歧视而产生的损失。申请人还强调,仲裁庭拥有决定哪种赔偿标准最为合适的酌处权。申请人进一步争辩称,根据ICSID 判例,对不构成非法征收的违反双边投资条约行为,其赔偿也可以按公平市场价值计算。最后，申请人驳斥了被申请人关于歧视未造成损害的论点，并指出第 43 号决定实际上是被申请人在初审仲裁庭审理争端期间故意采取的策略。根据第 43 号决定，损害赔偿额计算仅考虑紧急损害赔偿，而完全忽略了利润损失赔偿。第 19.568 号法律无论如何只是在财产被剥夺后履行归还和赔偿义务的一种特殊手段，这在智利宪法中有所体现。申请人进一步主张，由于在导致该决定的仲裁期间没有机会发表意见，他们不认可根据第 43 号决定计算得出的损害赔偿额。

2. 被申请人观点

（1）申请人关于损害赔偿的论点缺乏根据。被申请人对申请人提出的所有关于损害赔偿的论点表示反对，理由是这些论点与重新仲裁程序无关，超出了其受理范围，有可能在初审仲裁庭裁决和本仲裁庭裁决之间造成矛盾，或者严重背离基本的程序规则。被申请人重申其立场，即拒绝司法和歧视待遇行为与申请人因克拉林报社被征收而获得赔偿的能力之间没有因果关系。

被申请人回顾了初审仲裁庭的裁决。该裁决将拒绝司法界定为"法院拖延审理的行为"，与征收行为无关。如果仲裁庭接受申请人提出的"持续征收"赔偿理论，将在实质上对征收索赔作出裁决。被申请人强调，拒绝司法只限于智利法院 7 年多未作出判决的行为，而不包括任何其他行为。无论如何圣地亚哥法院不可能根据克拉林被征收的价值赔偿裴卡萨多。根据智利法律，第 165 号法令与征收何时完成没有关联。因此，初审仲裁庭对第 165 号法令的引用与该文件的法律地位或有效性无关。

被申请人认为，根据专家报告，裴卡萨多从未向圣地亚哥法院要求废除第 165 号法令。之所以裴卡萨多的诉讼请求被圣地亚哥法院驳回，纯粹是因为其要求政府归还属于第三方的财产的申诉缺乏法律依据，并且超出了诉讼时效。根据智利法律制度，第 165 号法令仍然有效；即使无效，第 165 号法令的有效性也不会影响智利政府根据国际法规定实施的征收行为。

由于申请人未能证明歧视行为造成了任何伤害，仲裁庭不应判给任何赔偿。被申请人坚持认为，裴卡萨多已被正式告知并邀请参与根据第19.568 号法律制定的军事时代征收行为全面赔偿方案。然而，根据双边协定中关于在国际和国内补救措施之间做出选择的"岔路口"条款，裴卡萨多和基金会选择通知智利国家资产部门，他们将不通过全面赔偿方案提出任何索赔。被申请人提出，申请人对于赔偿程序的描述存在错误，歧视行为没有导致任何可被量化的损失。

1998 年《赔偿法》赋予申请人损害赔偿请求权，但这一权利因申请人明确放弃参加赔偿方案而灭失。裴卡萨多在 1995 年 9 月写给智利总统的信中并没有为克拉林报社的征收创造一种"独立"的赔偿权利。根据这一逻辑，被申请人智利政府每次拒绝申请人提出的任何赔偿请求，都不违反双边协定义务。

被申请人进一步主张，第 43 号决定并未涉及裴卡萨多的权利，也未与当时正在审理的高斯出版案相冲突或影响到 ICSID 初审仲裁庭的审理过程，因此被申请人没有对申请人造成任何伤害。任何所谓的伤害均是申请人自行决定不参加 1998 年赔偿方案造成的。第 43 号决定的发布不是为了阻挠申请人的索赔。被申请人回顾初审仲裁庭的裁决，即第 43 号决定只能被视为违反双边协定第 4 条"公平公正待遇"。由于申请人明确放弃了根据1998 年赔偿方案提出索赔的权利，第 43 号决定没有对其造成歧视，不应予以赔偿。

（2）申请人无权根据不当得利获得赔偿。被申请人认为，不当得利不属于本次仲裁量化损害赔偿的合法方法，因为它超出了仲裁庭的权限，而且也不是国际法规定的一般损害赔偿事项。即使初审仲裁庭裁决认为被申请人违反双边协定的行为与申请人提交的损害赔偿方案之间存在因果联系，被申请人也放弃了它可能从其中获得的任何不当得利。此外，被申请人反驳称，将不当得利纳入赔偿范围相当于将索赔与双边协定完全脱钩，将导致在没有任何违约裁决的情况下判给赔偿。损害赔偿义务应是基于东道国违反双边协定义务而产生的。

（3）申请人的数额认定存在问题。被申请人对申请人提出的损害赔偿数额表示质疑，认为申请人在计算 1973—2013 年间租金数额时使用了不适当的估价方法。此外，被申请人还提到，在某些情况下租赁房产已经不复存在，这进一步削弱了申请人主张的可靠性。

三、仲裁庭观点

（一）仲裁庭管辖权和可受理性问题

仲裁庭认为，本次重新审理程序应根据《ICSID 公约》第 52 条第 6 款的规定进行。根据 ICSID《仲裁规则》第 55 条第 3 款，"如果原先的裁决被部分撤销，那么新的仲裁庭不可以对原先裁决未被撤销的部分进行审理"。以下事项因具备既判力而不可再审理：（1）ICSID 对争议具备管辖权；（2）被申请人智利政府对申请人实施了违反公平公正待遇义务的行为，包括拒绝司法；（3）申请人有损害赔偿权。

申请人可以提出重新裁决的事项包括：（1）在有关赔偿数额的内容被撤销之后，因智利政府违反公平公正待遇义务，申请人可以主张损害赔偿。（2）如果仲裁庭赋予申请人金钱损害赔偿权，可以裁决支付时间。事实上，仲裁庭无需重新对被申请人在争端中是否违反了条约义务，以及这种违反是否产生了赔偿请求权等进行认定。根据《ICSID 公约》第 53 条第 1 款，前述事项均已由初审仲裁庭裁决所确定，并对争端各方具有约束力。仲裁庭不仅没有必要介入这些问题，而且如果仲裁庭这样做已显然超出管辖权。根据《仲裁规则》第 55 条第 3 款，在重新仲裁程序中，仲裁庭仅需审理的争端双方仍存在的"争议"：一是"对初审仲裁庭已经确定的一项或多项违约行为的应得赔偿的性质"；二是"具体赔偿金额"。

仲裁庭认为，初审仲裁庭在其裁决中认定智利政府违反了公平公正待遇义务，其中包括不得拒绝司法。在得出这一结论时，初审仲裁庭裁决，双边投资条约给予投资者的实质性保护不适用溯及既往原则，因此追溯全被申请人在 1973—1975 年期间对申请人实施的征收行为。这项认定也未被撤销裁决所撤销，ICSID《仲裁规则》明确禁止本仲裁庭重新审议这些事项。由于圣地亚哥法院对高斯印刷案的拖延审理，初审仲裁庭认定存在拒绝司法。综上所述，仲裁庭认为没有必要进一步调查，即使申请人能够证明其主张，也不会对重新仲裁程序产生实质性影响。申请人认为第 165 号法令无效，智利对其投资的征收不具有法律效力，因此克拉林报社和相关资产的所有权人仍然是申请人。对此，仲裁庭认为，初审仲裁庭已经在裁决中认定征收的实际完成日期是 1975 年，不属于双边投资条约的保护范围。第 43 号决定旨在对已经发生的征收行为进行损害赔偿。如果根据智利法律，申请人的主张成立，其后果是案涉资产仍属于裴卡萨多和基金会，其应在智利国内寻求救济，这显然不是本仲裁庭在重新仲裁程序中处理的事项。

（二）裴格里布的申请人资格问题

最初的仲裁请求是由裴卡萨多和基金会针对智利政府提出的，他们是初审仲裁庭裁决相关内容的受益人。这些内容包括仲裁庭对裴卡萨多和基金会提出的索赔享有管辖权，智利政府存在违约行为，以及申请人享有获得赔偿的权利。后续的撤销裁决程序也以同样的方式进行，智利政府是申请人，裴卡萨多和基金会是被申请人。在临时仲裁庭于 2012 年 12 月 18 日作出撤销部分仲裁裁决的决定后，裴卡萨多和基金会与智利政府一起成为《仲裁规则》第 55 条第 1 款规定的重新裁决权利的受益人，即有权请求将争议裁决中被撤销的部分重新提交给新的仲裁庭仲裁。被申请人称，裴格里布无权以申请人名义提出相应索赔，这是《ICSID 公约》和《仲裁规则》所禁止的，同时也缺乏事实依据。裴格里布既非拒绝司法的诉讼程序中当事人，而且克拉林报社事件已经发生多年谈不上对裴格里布造成了精神损害。

仲裁庭认为，解决裴格里布是否有资格成为本案申请人这一问题，是本案进入实体审理阶段的重要前提。一方面，裴格里布作为新申请人不能简单地依赖初审仲裁庭作出的管辖权裁决直接提起索赔申请，而必须另行依据一般确立管辖权的标准来证明仲裁庭应当具有管辖权。另一方面，如果有证据证明裴卡萨多向其女儿裴格里布善意地转让了索赔权利，那么这种权利转让的后果是裴卡萨多将失去提请重新仲裁的资格。事实上，一种更合理的安排是由裴格里布作为她年迈父亲裴卡萨多的代理人，申请人的代理律师虽然仍然代表裴卡萨多，但是实际接受的是裴格里布的详细指示，可以与裴格里布成为新申请人后取得类似的效果。

仲裁庭清楚地表明，目前的程序是对初审仲裁庭裁决的延续。因此，申请人只能是裴卡萨多和基金会，被申请人是智利政府。裴格里布可以代为裴卡萨多处理与赔偿裁决有关的所有事宜。如果仲裁庭决定判给金钱赔偿，智利政府也应直接支付给裴卡萨多和基金会。

（三）损害赔偿问题

仲裁庭认为，由于初审仲裁庭裁决中有关赔偿性质和赔偿形式的内容已被撤销，在双边投资协定对此没有任何规定的情况下，本仲裁庭必须适用一般国际法规则进行裁决。争端双方都援引了国际法委员会《国家对国际不法行为的责任条款草案》，其第 31 条规定，责任国有义务对国际不法行为造成的损害给予充分赔偿，损害包括一国国际不法行为造成的任何损害，无论是物质损害还是精神损害。国际法委员会在对该条的评注中指出，责任国必须努力消除非法行为的所有后果，并恢复到没有实施该行为时的状态。此外，根据《国家对国际不法行为的责任条款草案》，国际不法行为与损害之间应当具有因果关系。对此，本案申请人必须证明其所谓的损失是被申请人侵犯其合法权利造成的。

如前所述，ICSID《仲裁规则》要求仲裁庭在重新提交仲裁程序中，不得重新审议初审仲裁庭裁决中尚未被撤销的任何内容，但这并不阻止本仲裁庭可以为促进各方正确理解初审仲裁庭裁决未被撤销部分的含义而作出努力。

仲裁庭认为，初审仲裁庭遵循了以下步骤来认定损害赔偿。首先，申请人无需证明因征收遭受的损害，因为被申请人已经在既往行为中确定了损害数额,并已经赔偿给申请人以外的人。其次,申请人没有提出任何证据,或至少没有提出任何可以令人信服的证据,证明归属于初审仲裁庭属时管辖权范围内的事实对其造成了实际损害。那么,初审仲裁庭有权参照"客观要素"对损害赔偿额作出自己的评估,而且这一评估是针对智利政府违反公平公正待遇义务所造成损害的评估。可惜的是,初审仲裁庭的评估存在明显错误,而且在评估时未给予当事人作出陈述的机会。

鉴于申请人和被申请人已经向本仲裁庭提交了各自意见,本仲裁庭将把注意力集中在违反公平公正待遇所造成的损害问题上。首先,申请人主张在初审仲裁庭的裁决生效后,被申请人存在新的拒绝司法的行为,其应当获得赔偿。对此,根据《ICSID 公约》第 52 条和 ICSID《仲裁规则》第 55 条,本仲裁庭的管辖范围仅限于"争议"或"撤销后仍然存在争议的部分"。在初审仲裁庭裁决作出之后,争端双方之间出现的新问题无论如何都不属于上述条款规定的重新仲裁程序的管辖范围,因此对申请人的这一主张本仲裁庭不予回应。

在此基础上,仲裁庭认为,讨论国际不法行为的损害赔偿问题应当包括三个步骤:首先,确定违反国际法义务行为的存在;随后,确定违反国际法义务的行为所造成的损害;最后,确定对该损害的适当赔偿。在本案中,初审仲裁庭已经裁决被申请人拒绝司法和实施歧视性措施构成对公平公正待遇义务的违反。本仲裁庭可以从第二阶段开始,即这一国际不法行为所造成的损害。

对此,申请人应当承担举证责任,证明被申请人违反公平公正待遇义务对其造成损害,至少是可供仲裁庭评估的经济损失。仲裁庭认为,申请人未能举证损失的存在,也就无需进一步讨论如何确定损失数额的问题。

(四)不当得利和精神损害赔偿问题

1.驳回不当得利的赔偿请求

申请人指控被申请人通过占有和使用被没收的资产,损害了申请人的投资利益。被申请人在"没有正当理由"的情况下受益，这本身就产生了归还资产及其使用成果的义务。被申请人反驳称，这相当于将索赔与双边协定完全脱钩，因为这将导致在没有任何违约裁决的情况下判给赔偿。在投资条约仲裁中，损害赔偿应是由于东道国对于双边协定义务的违反而产生的。仲裁庭同意被申请人的观点。

2. 驳回精神损害赔偿请求

除了对物质损害的赔偿要求之外，申请人还提出了精神损害索赔。申请人认为在政变时裴卡萨多被不公正对待、被流放到国外以及遭受诽谤、被申请人在初审仲裁庭裁决作出后的一系列行为等，都给申请人带来了精神损害。申请人认为，即便仲裁庭不认可精神损害赔偿，也至少应考虑到上述事实，相应增加经济损害赔偿数额。

仲裁庭指出，对于精神损害，申请人没有履行举证责任，也就无需进一步调查精神损害赔偿是否适用于公司或类似实体，而非自然人。初审仲裁庭裁决表明，申请人仅仅是有可能遭受精神损害，但缺乏充分证据。因此，驳回申请人的精神损害赔偿的要求。

（五）关于公平公正待遇的内涵

双边协定第 4 条规定："1.缔约一方应根据其本国法律，在其领土内保证在不低于对其本国投资者提供利益的条件下，公平公正地对待另一方投资者所作的投资。2.这种待遇应不低于每一缔约方对第三国投资者在其领土上进行的投资给予的优惠。"双边协定明确规定了公平公正待遇义务，但是并未说明该义务的具体内容。初审仲裁庭在其裁决中指出，在理论和实践层面，公平公正待遇和拒绝司法这两个概念有时存在区别，有时相互重叠。大多数投资保护条约都认为公平公正待遇是一项绝对待遇标准，其确切含义需要根据具体的适用情况来确定，这与国民待遇和最惠国待遇不同。显然，确保投资得到公平公正待遇包括不得拒绝司法。

初审仲裁庭认为，根据本案事实和案涉法律，仲裁庭需要解决两大问题：第一，法院拖延审理是否构成拒绝司法；第二，裴卡萨多所主张的投资损失是否属于双边协定的保护范围。

关于第一个问题。首先，在 1995 年 9 月—2002 年 11 月 4 日这 7 年间，智利法院（圣地亚哥法院）没有对申请人（在该诉讼中申请人系原告）的诉讼请求作出判决，这应被视为是一种典型的拒绝司法。正如 Roberts 诉墨西哥案①中仲裁庭指出："如果法院拒绝受理诉讼，或者使诉讼受到不适当的拖延，或者以严重不适当的方式进行司法，就构成拒绝司法。此外，明显和恶意地误用法律也属于拒绝司法。"其次，拖延审理可能比直接拒绝受理诉讼更具破坏性，因为在后一种情况下，原告对于直接寻求外交保护或采取其他法律救济途径有相应预期。此外，在 El Oro 诉墨西哥案②中，仲裁庭认为，自 El Oro 公司向法院起诉以来，9 年过去了，正义仍然没有得到伸张。法院既未组织召开听证会，也没有给出任何的判决。9 年的时间远远超过了最宽松的审判时间限度，即使是非常复杂的案件也可以在如此长的时间内作出判决。但申请人却没有收到任何关于他的索赔正在得到处理的消息或迹象，有权认为其利益没有得到保障，并对获得公正司法救济感到绝望。法院的此种行为属于拒绝司法。再次，在 Ruiz-Mateos 诉西班牙案③中，欧洲人权法院认为法院审理征收赔偿请求所用的 7 年时间超过了合理的时间，违反了《欧洲人权公约》第 6 条第 1 款，该款明确法院应在"在合理时间内"审结案件。最后，《多边投资担保机构公约》（又称 MEGA 公约）第 11 条明确将超期审判问题列为多边投资担保机构所涵盖的风险之一，即机构可针对以下一种或多种风险造成的损失为合格投资提供担保，包括法庭没有在规定的合理期限内作出判决。

关于第二个问题，初审仲裁庭认为拒绝司法属于歧视性行为，构成对

---

① Robert Azinian, Kenneth Daviatian & Ellen Baca v. The United Mexican States, ICSID Case No.ARB（AF）/97/2, Award, 1 November 1999, para.659.

② El Oro Mining and Railway Company（Ltd.）（Great Britain）v. United Mexican States, Great-Britain and Mexico Claims Commission, Award, 18 June 1931, 5 U.N.R.I.A.A. p.191.

③ Ruiz-Mateos and ors v. Spain, Merits and just satisfaction, Application No.12952/87,（1993）16 EHRR 505, IHRL 2959（ECHR 1993）, 23 June 1993, paras.57—60.

公平公正待遇义务的违反。在国际判例中，一国政府当局对外国投资者实施歧视性措施违反公平公正待遇。在 CMS 诉阿根廷案①中，仲裁庭也将歧视性待遇与违反公平公正待遇义务画等号。简言之，初审仲裁庭认为，智利法院缺乏正当理由拖延审理，并对除申请人外的第三人提供了赔偿，构成拒绝司法，也违反了双边协定第 4 条所规定的公平公正待遇。

本仲裁庭同意初审仲裁庭的上述裁决。对于申请人提出的被申请人存在新的拒绝司法行为的主张，仲裁庭提出了以下理由予以驳回：首先，双边投资协定在适用上并不溯及既往，所以不能追溯保护申请人在 1973—1975 年期间所遭受的征收损失，也当然地不能溯及征收行为所依据的第 165 号法令。其次，初审仲裁庭已经拒绝认可征收行为属于其属时管辖权的范围内。这一结论从未被撤销且具备既判力。因此，根据《ICSID 公约》和《仲裁规则》，本仲裁庭无权审理申请人试图推翻这一结论的主张，也无权以自己的观点取代初审仲裁庭的观点，更何况以此为由给予任何种类的救济。

四、本案的启示和意义

裴卡萨多等诉智利案前后持续 20 多年，是目前为止投资仲裁史上历时最长的案件之一。该案的重要意义在于对公平公正待遇义务的内容进行了详细诠释，包括：（1）当国家行为构成任意性的待遇歧视时，则构成了对投资条约中公平公正待遇义务的违反；（2）司法拖延被认定为典型的拒绝司法，不得拒绝司法是非歧视待遇和公平公正待遇的主要内容。

本案启动的重新裁决程序同样值得关注。根据既判力原则（res judicata），仲裁庭应当避免在重新裁决程序中处理已解决的争端。众所周知，根据《ICSID 公约》第 52 条第 6 款组成的仲裁庭的权限十分有限，必须排除初审仲裁裁决中尚未被撤销裁决撤销的内容。这是一项复杂的工作。裴卡

---

① CMS Gas Transmission Company v. The Republic of Argentina, ICSID Case No. ARB/01/8, Award, 12 May 2005, para.88.

萨多案表明，争端双方对初审裁决及其撤销裁决的解释和适用，都有很大争议。

本案涉及两个复杂的问题：一是原始征收行为发生在双边投资协定生效之前，但涉及原始征收行为的国内行政程序和司法程序发生在双边投资协定生效之后，仲裁庭是否具有管辖权，以及对何种行为具有管辖权？二是在违反双边投资协定公平公正待遇（拒绝司法）的情形下，损害赔偿该如何计算？

在分析第一个问题时，仲裁庭将其属时管辖权与条约实体义务的实际适用相区分，一方面确立了仲裁庭对双边投资协定生效之前征收行为的管辖权，另一方面在裁决中又拒绝适用条约实体义务，驳回了申请人对双边投资协定生效之前征收行为的诉求，似乎有些矛盾。上述矛盾进一步体现在对第二个问题的分析中，即仲裁庭一方面反对以征收为基础计算违反公平公正待遇条款的损害赔偿额，另一方面其所依据的客观标准（第 43 号决定）正是基于对征收行为的补偿。该矛盾继续体现在重新裁决中，重新仲裁程序仲裁庭一方面确认遵循初审仲裁裁决中对违约行为的确认，另一方面却驳回了申请人对损害赔偿的要求。其推理的核心为：违约不等于损害，申请人未能证明违约与损害以及损害与赔偿数额之间的因果关系。以申请人未能完成其证明责任为由，重新仲裁程序仲裁庭回避了在"违反双边投资协定公平公正待遇（拒绝司法）的情形下，损害赔偿该如何计算"的问题。

在其他诉称违反公平公正待遇的投资仲裁案件中，仲裁庭通常采纳违反征收条款的损害赔偿计算方法来评估公平公正待遇义务违反带来的损失。他们认为在确定赔偿标准时，违反哪个条款并不重要，关键是对投资的影响。例如，在 CMS 诉阿根廷案中，仲裁庭认为采纳征收情形下的损害赔偿计算标准——所涉财产或投资的公平市场价值——是恰当的。本案中，在仲裁庭确立管辖权并且确认东道国违反公平公正待遇情形下，投资者最终却未得到任何赔偿，或许正是上述裁决矛盾之处的延续。

第五节　Crystallex 公司诉委内瑞拉案

一、基本案情

（一）案件基本信息

表 4-5　**Crystallex v. Venezuela 案基本信息**

仲裁庭	国际投资争端解决中心（ICSID）仲裁庭
裁决时间	2016 年 4 月 4 日
案号	ICSID Case No. ARB（AF）/11/2
关键词	公平公正待遇；合理期待；非专断非歧视；透明度
当事人	申请人：Crystallex 公司 被申请人：委内瑞拉

（二）案情简介①

1. 投资事实

2002 年 5 月 16 日，根据《第 1757 号总统令》，委内瑞拉能源矿业部（简称矿业部）与 CVG 公司——一家促进经济活动的国营企业，签订行政协议，授予 CVG 公司在 Las Cristinas 范围内享有勘探、开采、售卖金矿以及在通知矿业部的前提下，就开采金矿与第三方签订合同的权利。

Crystallex 公司（简称申请人）是一家根据加拿大法律成立的公司。2002 年 9 月 2 日，Crystallex 公司与 CVG 公司就 Las Cristinas 金矿开采达成合同（简称金矿开采合同或 MOC）。根据金矿开采合同，Crystallex 公司对 Las Cristinas 金矿开采项目的开发及所有相关费用承担全部责任，同时在 1 500 万美元的首付款，以及逐年递减的特许权使用费、委内瑞拉法律规定的相关税款后，才有权从后续售卖黄金中获得收益。该合同有效期

---

① Crystallex International Corporation v. Bolivarian Republic of Venezuela，ICSID Case No. ARB（AF）/11/2，Award，4 April 2016.

为 20 年，可以 10 年为单位申请延期，最高有效期不超过 40 年。

2. 被诉行为

2008 年 4 月，委内瑞拉环境许可部门通知 CVG 公司，Las Cristinas 金矿开采许可被拒。2008 年 5 月 12 日，Crystallex 公司知悉后向环境许可部门申请复议，被以不具有申请复议资格驳回。2008 年 9 月，委内瑞拉总统公开表示将金矿收归国有，并于 2010 年正式表明 Las Cristinas 金矿的国有属性，委内瑞拉将收回 Las Cristinas 金矿的专有开采权。

随后，CVG 公司以金矿开采合同规定了"开发活动暂停时间超过一年将有权解除合同"为由，通知 Crystallex 公司单方解除合同。Crystallex 公司认为上述拒绝许可、解除合同的行为违反了《加拿大—委内瑞拉 BIT》第 2 条第 2 款关于公平公正待遇的规定，即："任何一方应当依据一般国际法原则给予缔约国的投资或投资者以公平公正待遇、充分的保护与安全。"后于 2011 年 2 月 16 日向 ICSID 提出仲裁申请。

二、双方争议焦点

本案的双方争议焦点之一就是委内瑞拉拒绝为申请人颁发许可证的行为是否违反了公平公正待遇。双方的态度和观点如下：

（一）关于公平公正待遇条款的内涵要素

1. 申请人主张

第一，申请人认为双边投资协定第 2 条第 2 款规定的公平公正待遇是一项独立自主的待遇标准。东道国应当遵守该标准要求，坚持双边投资协定的目标、宗旨，秉持诚信原则，积极保护投资，适当且正直行事。

根据国际仲裁的已决案件，申请人认为公平公正待遇的内涵要素应当包括：（1）保护合理期待；（2）非专断待遇；（3）透明度原则、提供稳定和可预期的法律框架要求、正当程序原则；（4）非歧视待遇；（5）诚信原则。申请人认为，东道国只要违反上述要素中的任何一项即视为违反公平公正待遇条款。

第二，将《加拿大—委内瑞拉 BIT》中"依据国际法原则"的文字表述直接等同于习惯国际法中的最低待遇标准是错误的。对 BIT 条款进行广义解释不仅符合协定条款的一般含义，而且符合协定的目标和宗旨。参考对"根据国际法原则"一词进行解释的仲裁裁决可以发现，公平公正待遇的范围宽于国际最低待遇标准。

第三，针对被申请人将《加拿大—委内瑞拉 BIT》与 NAFTA 类比的行为，申请人提出被申请人忽视了两者之间的区别。NAFTA 第 1105 条指的是最低待遇标准，而《加拿大—委内瑞拉 BIT》第 2 条仅仅是提到"投资的确定、取得及保护"。申请人进一步质疑本案继续适用 20 世纪 20 年代在 Neer 案中确定的国际最低待遇标准来判断，显然有违当下国际社会发展水平。

第四，申请人认为《加拿大—委内瑞拉 BIT》第 3 条规定了最惠国待遇。根据此项原则，白俄罗斯根据《白俄罗斯—委内瑞拉 BIT》（2008 年 8 月生效）在委内瑞拉境内能够享受到的优惠待遇，申请人也同样能够享受。

2. 被申请人的主张

第一，被申请人认为《加拿大—委内瑞拉 BIT》第 2 条第 2 款明确规定了依据习惯国际法，公平公正待遇属于对外国人及其财产最低限度标准待遇。若要主张被申请人违反公平公正待遇，则申请人需要证明被申请人的行为属于暴行、恶意、故意忽视、政府不作为或者任何理性且公正的第三人认为该政府行为存在不足。为了佐证自己的观点，被申请人进一步提出，《加拿大—委内瑞拉 BIT》第 2 条第 2 款是基于 NAFTA 第 1105 条而制定的，NAFTA 各个成员国和仲裁庭认为该条款包含习惯国际法的最低待遇标准。

第二，在 Glamis Gold 诉美国案①中，仲裁庭认为违反 NAFTA 中最低待遇标准的行为必须达到极其恶劣和令人震惊的程度才会被认定为低于国际标准，违反第 1105 条。例如，公然拒绝正义、过分武断、显失公平、欠缺正当程序、明显歧视或明显缺乏正当理由。被申请人认为，NAFTA

---

① Glamis Gold Ltd. v. United States, UNCITRAL, Award, 8 June 2009, para.616.

仲裁庭并不是采纳此种观点的唯一机构,在国际上各仲裁机构之间存在一个共识,即认定违反公平公正待遇条款的门槛比较高。根据最低待遇标准,仅不符合主观预期的行为并不构成对习惯国际法最低待遇标准的违反。

第三,被申请人认为申请人援引最惠国待遇条款要求享受白俄罗斯在委内瑞拉境内所享受的待遇的行为是错误的,原因是申请人并没有证明其自身已经满足了适用最惠国待遇条款的前提条件,即委内瑞拉给予 Crystallex 公司的投资待遇,低于同等情况下委内瑞拉给予白俄罗斯投资者的待遇。

(二)关于保护合理期待

1. 申请人主张

根据最近的仲裁实践确立的标准,公平公正待遇要求东道国为投资者提供稳定的、可预见的投资环境。同时,委内瑞拉本国法中的"合法信任原则"也保护合理期待。申请人认为,根据委内瑞拉的法律框架和金矿开采合同条款,最初进行投资行为时其就享有以下合理期待:(1)对于 Crystallex 公司的投资,委内瑞拉政府应当秉持经济理性,遵守比例原则,合理地对待;(2)只要 Crystallex 公司依约履行许可证规定的合同义务和监管义务,即享有开发 Las Cristinas 金矿 20 年的专有权,且该期限可以10 年为单位,申请两次展期;(3)环境许可证的通过涉及技术评价,只要 Crystallex 公司满足委内瑞拉国内法规定的技术要求,环境许可证即可获得通过。

因此,基于 2007 年 5 月 16 日的信函,申请人享有许可证会被快速批准通过的合理期待。2008 年 7 月,在金矿开采合同被解除,委内瑞拉接管 Las Cristinas 金矿后,申请人享有下列合理期待:(1)面对 Crystallex 公司针对许可证被拒而提起的申诉,委内瑞拉政府应当采取迅速、透明且诚实的行动作出回应;(2)委内瑞拉政府将对 Crystallex 公司 2008 年 8 月提交的环境调整提案作出评估;(3)根据委内瑞拉高级政府官员的保证,Crystallex 公司将获批开发 Las Cristinas 金矿;(4)如果没有支付因违反金矿开采合同和委内瑞拉法律条款而产生的赔款，金矿开采合同不得被任意解除。基于上述合理期待，Crystallex 公司进行了大量投资以确保 Las Cristinas 金矿的开发项目得以顺利进行。此外，许可证被拒后，委内瑞拉政府决定重新开放许可证批准以期与 Crystallex 公司共同开发 Las Cristinas 金矿的行为，也让 Crystallex 公司继续履行金矿开采合同项下其需要义务、行使其享有的权利。

综上，申请人认为 2004—2007 年期间，Crystallex 公司获得开发 Las Cristinas 金矿所需的相关批准及相关材料即将获得批准的保证和声明，但是委内瑞拉政府最终未通过 Crystallex 公司许可证并解除金矿开采合同的行为损害了申请人的合理期待。

2. 被申请人主张

本案中，被申请人既没有作出具体承诺，也没有承诺不采取任何监管措施，如对申请人的项目进行环境影响评估。就被授权与第三方缔结合同的 CVG 公司而言，委内瑞拉从未承诺批准申请人的许可证或不行使其合同解除权。此外，从未有任何一个委内瑞拉政府官员保证 Crystallex 公司一定能够获得开发 Las Cristinas 金矿所需的所有许可证，在此过程中委内瑞拉政府曾及时表达过其对该开发项目可能对委内瑞拉国家环境或者社会影响的担忧。

第一，委内瑞拉认为本国的监管框架没有剥夺申请人的合理期待。因为申请人无法证明环境部门在评估其许可证申请时存在任何不遵守委内瑞拉程序法的行为。

第二，申请人不能基于金矿开采合同产生合理期待。根据合同，申请人在获得开采许可证之前不能取得金矿的开发权。

第三，申请人所谓的政府行政审批行为并不能使其产生合理期待。虽然申请人出具的项目可行性报告获得了 CVG 公司和矿业部的批准通过，但在随后的几年中，申请人多次修改可行性报告的核心部分。例如，申请人提出了全新开发方案，但是却没有就修改后的内容更新环境影响评价报告书（EIS）内容。因此，仅根据过期的可行性报告，Crystallex 公司并不能够获得环境部门的许可证，从而获得合理期待保护。同样地，环境评价报告也不能使申请人产生合理期待。因为，环评报告并未被批准通过。即使报告获得批准（委内瑞拉并不承认），环评报告也仅限于对初步基础设施建设工程的评估。因此，2007 年 5 月 16 日的信函并不能得出申请人享有获得批准可以开采 Las Cristinas 金矿的合理期待。无论是 Crystallex 公司缴纳税款的行为还是 2007 年 6 月缴纳保证金的行为，这些都不能维持申请人获得开发金矿许可证的合理期待。因为上述行为是申请人获得许可证的必要条件，而不是因此就可以直接自动取得许可证。2007 年 Crystallex 公司向股东承认，其无法保证何时会取得以及是否会取得许可证。

第四，被申请人认为申请人所依据的政府声明并不能作为其享有合理期待保护的佐证。首先，矿业部在 2005 年 6 月的声明中表示许可证审批进展顺利，但是这并不代表许可证最终一定会获得批准。因为在任何情况下，矿业部对此无控制权。其次，矿业部部长劳拉·帕雷德斯（Laura Paredes）所作出的任何发言并不具有法律效力。因为其无权审查 Crystallex 公司是否满足委内瑞拉的环境要求。再次，从前任规划与环境部部长、现任副部长塞尔吉奥·罗德里格斯（Sergio Rodriguez）于 2007 年 4 月在国民会议上的发言推论得出合理期待也是不对的。因为其发言只是宽泛地提到项目会造成环境方面影响，并未就具体内容展开细化说明。最后，申请人并未提交书面证据证明在其许可证申请被拒后，环境部曾决定重新开放许可证审查程序。

综上，被申请人认为申请人并不具有合理期待，被申请人的行为并没有折损申请人的任何期望。申请人的许可证被拒是因为 Crystallex 公司没有提及的其他理由，金矿开采合同被解除也是因为 Crystallex 公司暂停经营已超过一年。

（三）关于非专断性原则

1. 申请人主张

申请人认为国家不得专断行事是公平公正待遇的一个要素。如果一项措施的出发点是不适当的，该行为可能会被认定为具有专断性。申请人主张本案中被申请人不颁发许可证、解除金矿开采合同以及收回 Crystallex 公司在 Las Cristinas 金矿的开采权的行为具有任意性，这些措施违反了委内瑞拉法律，并无监管义务或者合同基础。

第一，拒绝许可证函中的不予批准理由并无科学、技术或其他合理依据。拒绝批准许可证的信件中给出的拒绝理由是技术检查报告和专家研究不明确。但是，实际上作出拒绝许可证函的依据是一份 2006 年 9 月的技术检查报告。申请人认为此项报告具有不正当性，并无任何数据或技术分析可以用来证明拒绝许可证的行为是合理的，也没有任何分析可以对一年内撤销环评报告和拒绝许可证的行为作出合理解释。

第二，从 CVG 公司回复的信件中无法得到解除金矿开采合同的合法理由。

第三，申请人指出委内瑞拉以将金矿开发区收归国有威胁 Crystallex 公司及其投资，这应当被认定"行政上的反复无常"。申请人进一步指明被申请人拒绝其许可证的真正原因其实是希望将 Crystallex 公司的金矿开采权转让给其他经营主体。

2. 被申请人主张

第一，根据国际最低待遇标准，证明被申请人行为具有专断性需要证明其行为明显专断、显失公平、完全违背正当程序原则、明显歧视或缺乏正当理由等。本案中，申请人并未能证明被申请人的行为已经符合上述任意一条。

第二，委内瑞拉对 Crystallex 公司开发许可证和环评报告的许可、授权和核准都仅限于条款本身，并不超过承诺范围。

第三，委内瑞拉拒绝 Crystallex 公司的许可证是政府对该项目作理性分析之后的决定，并无"明显专断和反复无常"。

（四）关于透明度原则、提供稳定可预见的法律框架、正当程序原则、非歧视原则

1. 申请人主张

申请人认为公平公正待遇条款应当包含透明度、提供稳定可预见的法

律框架、正当程序原则和非歧视原则。

第一,申请人认为,根据条约规定的公平公正待遇标准,Crystallex 公司可以期待其自身和投资行为得到一以贯之的、透明的、非含混不清的对待。一致性要求政府对投资者的决策应有序、及时,且不存在严重的行政疏忽行为。政府机构也应当履行自身职责、相互配合,保证投资者投资的稳定性。透明度要求东道国确保投资者知晓将影响其投资的法律法规或政策。

首先,本案中申请人主张被申请人拒绝颁发许可证的行为不符合一致性和透明度原则。因为被申请人作出拒绝许可证的决定未经技术分析,也未对撤销环评报告、违背政府官员先前的声明提供合理解释。

其次,解除金矿开采合同的决定与先前 Crystallex 公司咨询合同状况时获得的保证完全不一致,此前咨询的结果是合同完全合法有效。

再次,该决定与 CVG 公司在合同被解除后作出的声明不一致。当时的声明显示 Crystallex 公司已经完全履行了商务部规定的所有义务。

最后,申请人认为 2008 年 4 月—2011 年 2 月期间,申请人的权利一直处于巨大的不确定状态。就好比前一天还能得到可以开发 Las Cristinas 金矿的私下保证,第二天就有可能因为总统的公开声明而被没收 Las Cristinas 金矿的开发权。因此,申请人认为委内瑞拉的种种行为足以表明该国的行为前后不一,无法为申请人提供稳定和可预期的法律框架。该国发展委员会也注意到,就 Las Cristinas 金矿开发项目而言,委内瑞拉国内各政府机构并未达成一致意见。

第二,委内瑞拉处理 Crystallex 公司及其投资行为时,没有遵守正当程序原则。首先,拒绝许可证的信函上没有任何数据、数字、论证证据和文件,Crystallex 公司无从考证被申请人拒绝许可证的理由,更遑论对拒绝许可证信函的内容作出有效质疑,以维护正当权益。其次,许可证被撤销之后,委内瑞拉没有听取申请人的行政申诉,也没有在合同被解除之前给予 Crystallex 公司提起行政诉讼的机会。概言之,Crystallex 公司被剥夺了正当的法律程序权利。

第三，申请人认为被申请人没有认真且连贯地审查 Crystallex 公司的提议。被申请人无视申请人的各项申请文件，也不能提供关于如何审查和回应 Crystallex 公司开发项目的内部记录文件。

第四，申请人指出委内瑞拉并不期望同加拿大国籍的企业共同开发 Las Cristinas 金矿，其更加倾向于与贸易伙伴共同开发。因此，申请人认为是 Crystallex 公司的国籍问题最终导致委内瑞拉拒绝颁发许可证、解除金矿开采合同以及取回对 Las Cristinas 金矿的控制权。申请人指出，委内瑞拉矿业部部长和总统的声明表明了 Crystallex 公司并不是一个合适的合作对象。

2. 被申请人主张

被申请人认为其审查 Crystallex 公司申请时从未有疏忽或违反正当程序。

第一，之所以矿业部对申请人的许可分析略有迟延，是因为 Crystallex 公司自身行为所致。

第二，事实上，委内瑞拉政府对 Crystallex 公司的许可申请，已经分别以书面和口头形式予以充分的分析和反馈。

第三，Crystallex 公司的再审查申请和行政诉讼均已根据委内瑞拉国内法得到了妥善解决。环境部未在 90 天内就上诉作出裁决并非专断，而是因为根据委内瑞拉法律，一旦上诉在 90 天后尚未作出裁决，申请人有权提出质疑，但本案中 Crystallex 公司放弃了该项权利。同样地，针对金矿开采合同被单方解除一事，Crystallex 公司也有权在 15 天内根据相关规定提起行政申诉，但是 Crystallex 公司同样没有行使该项权利。

(五) 关于滥用权力和失信行为

1. 申请人主张

申请人主张委内瑞拉对 Crystallex 公司的行为存在权力滥用。

第一，委内瑞拉拒绝颁发许可证和解除金矿开采合同的根本目的是将

Crystallex 公司在 Las Cristinas 金矿上的投资以适当的理由转移给第三方,比如委内瑞拉已与中国中信公司(CITIC)达成合作协议。

第二,委内瑞拉利用被错误扣押的许可证作为交换条件,要求扣押 Crystallex 公司在委内瑞拉境内的其他财产,如 Revemin 工厂。

第三,委内瑞拉利用 Crystallex 公司开发 Las Cristinas 金矿以及进一步勘探开发金矿其他储量的成果非法获利后,企图转头寻觅新的合作伙伴。此举有违诚实信用原则。

第四,申请人认为被申请人拒绝许可证和解除金矿开采经营合同的行为都是缺乏诚信的表现。

2. 被申请人主张

被申请人认为其自身行为不存在权力滥用和不诚信。

第一,委内瑞拉在同中国中信公司(CITIC)达成的框架协议以及与中信集团(CITIC)签订的研究协议中,都没有授予其金矿开采权。

第二,矿业部只是向新的承包商提供开发研究报告,并未将 Crystallex 公司的研究成果提供给第三方。

第三,申请人不能证明委内瑞拉同中信集团或者其他实体开展合作是导致 CVG 公司解除金矿开采合同的直接原因。

第四,《加拿大—委内瑞拉 BIT》中规定委内瑞拉需承担的义务中并没有对委内瑞拉与其他公司开展合作、开发国家自然资源的权利作出任何限制。

三、仲裁庭观点

仲裁庭认为,本案中,《加拿大—委内瑞拉 BIT》并没有明确规定公平公正待遇条款包含国际最低待遇标准,因此《加拿大—委内瑞拉 BIT》中的公平公正待遇应当看作是一项独立自主的待遇标准,而不能直接将其等同于国际最低待遇标准。尽管委内瑞拉本身并非《维也纳条约法公约》的缔约国,但是《维也纳条约法公约》第 31 条、32 条的解释规则反映了习惯国际法。因此，仲裁庭将依据《维也纳条约法公约》解释双边投资协定。

仲裁庭首先援引 MTD 案指出"公平公正"的通常含义为不偏不倚，合法正当。紧接着，仲裁庭援引了一些仲裁裁决支撑其论断：Vivendi 案仲裁庭认为国际法原则应当作广义理解，不能将其简单理解为最低标准，将国际法原则直接等同于国际最低待遇标准缺乏法律依据。而在 Arif 案中，仲裁庭直言《法国—摩尔多瓦 BIT》中规定的公平公正待遇是一项独立自主的标准。在 SUAR 案中，仲裁庭则直接指出直接将公平公正待遇标准等同于国际最低待遇标准是"教条化和概念化"的。当前，公平公正待遇标准与 20 世纪初定义的"公平与公正"含义大不相同，内涵更为丰富。在 ADF 案中，仲裁庭认为习惯国际法中外国人最低待遇标准在不断发展。在其后的 RDC 案中，仲裁庭采纳了 ADF 案中仲裁庭的论证思路并进一步指出最低待遇标准处于不断发展过程中。

仲裁庭在确认了公平公正待遇标准不能直接等同于国际最低待遇标准后，进一步援引案例，分析了公平公正待遇条款可能包含的要素，如表 4-6 所示：

表 4-6　仲裁庭援引案例

案号	当事人	公平公正待遇标准要素
ICSID Case No.ARB/05/16	Rumeli v. Kazakhstan①	透明度原则、诚信原则、非专断原则、公平公正、非歧视原则、正当程序原则、保护合理期待
ICSID Case No.ARB/06/18	Lemire v. Ukraine②	正当程序、透明度原则、禁止胁迫、禁止滥用职权、诚信原则、非专断与非歧视原则、稳定可预见的法律框架
ICSID Case No.ARB/03/29	Bayindir v. Pakistan③	透明度原则、正当程序原则、非专断与非歧视原则、禁止胁迫、保护合理期待

① Rumeli Telekom A. S. and Telsim Mobil v. Kazakhstan, ICSID Case No. ARB/05/16, Award，29 July 2008，para.609.

② Lemire v. Ukraine, ICSID Case No.ARB/06/18, Decision on Jurisdiction and Liability, 14 January 2010，para.284.

③ Bayindir Insaat Turizm Ticaret ve Sayani A. Ş. v. Pakistan, ICSID Case No. ARB/03/29, Award，27 August 2009，para.178.

综上可见，尽管不同仲裁庭认定公平公正待遇条款所包含的要素略有差别，但是在几个具体原则上却保持一致。因此，仲裁庭归纳出公平公正待遇条款包含的要素为：保护合理期待、非专断与非歧视、透明度原则、提供稳定可预见的法律框架。此外，仲裁庭还进一步补充道，违反公平公正待遇不需要达到难以忍受或令人震惊的程度，具体判断必须结合案件事实、案件背景和具体情况作个案分析。对本案中涉及公平公正待遇条款的具体分析如下：

（一）关于合理期待原则

仲裁庭承认保护合理期待是公平公正待遇条款的要素之一，但同时认为受保护的合理期待范围并非是宽泛的，需要进行明确限制。换言之，只有当政府部门曾向投资者作出具体承诺或者对投资者投资所依赖的实质性利益作出相关陈述时，才会产生合理期待。尔后，因为政府的行为导致上述承诺落空，才会产生对投资者合理期待的保护要求。

申请人提出，本案中被申请人在 3 个时间点的行为使其产生了合理期待：初步投资时的行为、2007 年 5 月 16 日的信函内容、2008 年 7 月至解除金矿开采合同、Las Cristinas 金矿被委内瑞拉政府接管期间的一系列政府行为。

针对上述三项事由，仲裁庭在分析后认为，除了 2007 年 5 月 16 日的信函可以引起对申请人的合理期待保护，其他两项均不能使申请人产生合理期待。

首先，申请人关于双方初期投资即构成产生合理期待基础的论述属于循环论证，不能成立。一方面，投资者在公平公正待遇条款下期望被东道国合理地对待就是期望得到公平公正待遇，申请人论述的起点是自己事先假定好的"期待"。另一方面，本案的争议点并非委内瑞拉违背本国法律体系而损害了申请人的合理期待，而是判断 Crystallex 公司是否获得采矿许可证。

其次，不能将国家遵守其自身法律体系的"一般期待"认定为公平公正待遇条款项下"保护合理期待"的索赔基础。申请人认为，在结成投资合作关系之初，申请人就天然地享有下述合理期待：（1）委内瑞拉政府将按照经济合理性和适当性原则行事；（2）在申请人履行合同和法律规定的义务后即可获得 Las Cristinas 金矿的开采专有权；（3）申请人只要其符合委内瑞拉法律所规定的技术要求就能获得开发许可证。对此，仲裁庭指出投资者在对委内瑞拉进行投资时会事先了解委内瑞拉的国内法体系，然后会基于委内瑞拉政府对自身法律的遵守开展后续投资事宜。只有当有证据证明某一实质性利益受损或者政府适用法律时存在随意性的、不透明性的行为时，投资者原先对东道国国内法框架具有稳定性的"一般期待"才会构成公平公正待遇条款所保护的合理期待。

再次，2008 年 7 月至解除金矿开采合同、Las Cristinas 金矿被委内瑞拉政府接管期间的政府官员承诺过于宽泛，不能作为申请人合理期待的产生基础。仲裁庭认为，国家机关在进行公共事务管理的过程中往往需要考虑公共利益和个案的具体情况，这就赋予了行政机关相应的自由裁量权。自由裁量权创造的裁判空间将会导致投资者很难根据东道国本国法律形成一个类似既得权的实际预期利益。本案中，无论是双方当事人初期投资时实施的行为，还是 Las Cristinas 金矿被委内瑞拉政府接管前的一系列政府官员承诺，委内瑞拉的保证内容都是笼统的、不确定的。因此，申请人无法据此产生任何合理期待。

最后，申请人可以依据 2007 年 5 月 16 日环境许可部门寄交的信函产生合理期待。其一，2007 年 5 月 16 日的信函针对的是整个投资项目而非初步投资工程。2003 年底 Crystallex 公司提交的环境影响报告书被 CVG 公司在 2004 年 4 月 15 日转交给了委内瑞拉环境部门。这份环境影响报告书涉及 Las Cristinas 金矿开采项目从建设到运营再到关闭矿井的整个过程可能对当地环境造成的影响，因此，此份报告针对的是整个 Las Cristinas 金矿。同时，证据显示争议双方起初讨论的初步投资工程问题被搁置，双方将关注点放在整个项目的许可证问题上。最重要的是，2008 年 4 月 14

日，金矿开采许可证拒绝函明确指出许可的批准针对的是整个 Las Cristinas 金矿开采项目，而非初步工程。其二，2007 年 5 月 16 日的信函提及的许可证是开采工作的许可证而非勘探工作的许可证。虽然 2007 年 5 月 16 日信函正文部分两次表示都是"勘探"，但是与该信函制作时间相近的一些文件中也有"开发"的表述。例如，CVG 公司转交保证金的附函中曾提到"开发项目"，矿业许可部门致 CVG 公司的一封信中也明确提到"开发项目"。因此，虽然各个文件的表述略有出入，但是根据 Crystallex 公司已经完成金矿勘探工作的事实可知，委内瑞拉所承诺的许可证针对的是"开采许可证"。

综上，仲裁庭裁决环境部 2007 年 5 月 16 日信函足以使申请人产生合理期待，金矿开采许可证被拒的行为损害了申请人的合理期待。

（二）关于专断性、缺乏透明度和未提供稳定可预见的法律框架

如果制定或实施一项措施的依据是过度的自由裁量权、偏见或者个人偏好而非法律规则，那么该项措施就是专断的。透明度原则在公平公正待遇条款中的含义是东道国应当以透明的方式对投资进行管理。提供稳定可预期的法律框架要求国家的任何政府部门都不得对另一部门有损外国投资者利益的行为作出承认。

首先，仲裁庭表示，是否对可能影响国家自然资源的开发项目颁发许可证是一个国家主权范围内的事项。因此，不能认为本案申请人"有权"取得金矿开采许可证。国家对影响自然资源的开发项目授予许可证不负有国际法上的义务，但假如国家拒绝颁发许可证的过程对投资者是不公平的，那么该行为就会被认定为是专断的、违背透明度原则或者缺乏一致性、无法提供稳定和可预期的法律框架。此时，该国就应当承担违反投资协定的责任。

其次，确定许可证是否满足颁发的条件需要政府机关或行政当局在技术上作出决策。投资者应当尊重东道国政府机关的该项权力，不应当质疑技术要求的正确性。但该权力也有限制，即东道国必须积极保护外国投资

者，除涉及本国重要的公共利益外，不得实施专断行为或有歧视性行为，否则东道国应当承担相应的责任。

基于以上两点，仲裁庭将就委内瑞拉作出拒绝许可证行为的过程进行审查，判断委内瑞拉是否违反上述原则：

第一，委内瑞拉在拒绝许可证的方式上存在专断性、欠缺透明度，没有为投资者提供稳定可预见的法律框架。委内瑞拉与 Crystallex 公司达成投资合作之初，双方都能够善意友好地进行沟通与对话。Crystallex 公司积极促成合作、履行合同义务，委内瑞拉的有关政府官员也曾表示将大力支持 Las Cristinas 金矿的开采项目。Las Cristinas 金矿开采许可审批由于牵涉当地居民、地方社区、矿工及其家属等的各方利益较多，因此从签订金矿开采合同到 Crystallex 公司最有可能获得许可证（2007 年 5 月 16 日）时，已经经过了较长的时间。但在委内瑞拉于 2007 年 5 月 16 日发出信函，向申请人作出承诺后，在不到一年的时间内，委内瑞拉就以金矿开发项目会造成环境污染和生态破坏为由，拒绝颁发金矿开采许可证。仲裁庭认为，虽然委内瑞拉肩负防止全球变暖、避免环境污染等国际责任，但是其行事做法存在问题：（1）在金矿开采许可证的审查期间，申请人和被申请人曾多次交流，被申请人从未提起上述环境上的关切；（2）此前相关的行政听证会上也从未有任何关于全球变暖等环境问题的分析。因此，突然提出此项理由作为拒绝许可证的理由具有专断性。

第二，委内瑞拉拒绝颁发许可证的理由缺乏数据支撑、欠缺解释说理。许可证拒绝函中有关非法采矿和改变水文的措辞模糊不清，没有事实依据。仲裁庭认为委内瑞拉有义务就拒发许可证说明理由，但是委内瑞拉却没有具体的数据支撑其决定，也没有就拒绝的理由作出进一步的阐释和论证。在拒发许可证的信函上也没有附有任何研究报告作为附件。唯一的一份可以作为拒发许可证证据的技术检验报告——罗梅尔报告（Romero Report）证明力也存在疑问。该报告中虽然有几处提到了环境影响报告书，但全都是一笔带过。该报告与许可证拒绝函一样模糊，不仅缺乏科学数据和研究分析,其后也没有相关研究和报告作为附件。由于申请人已经为金矿开采项目投入了大量人力物力财力,许可证拒绝函和罗梅尔报告的突然出现将直接导致 2007 年 5 月 16 日信函中委内瑞拉承诺申请人批准开采金矿许可证的合理期待落空。

第三,委内瑞拉明知许可证被拒,仍要求申请人提交保证金的行为欠缺透明度。如果环境部在 2006 年已经考虑到了全球变暖的问题,那么直到 2008 年 4 月 14 日才向 Crystallex 公司披露此事,是不合理的。因为直到 2007 年 5 月 16 日,环境部在致信 Crystallex 公司的信函中仍然向申请人承诺:只要申请人支付了保证金和环境税,即可获得开采许可证。其中存在明显的不透明和前后行为不一致的情形。

第四,委内瑞拉解除金矿开采合同的行为具有专断性、违反透明度,未向投资者提供稳定可预见的法律框架。2007 年 5 月 16 日,环境部发出信函后,委内瑞拉国家层面的许多政策对 Las Cristinas 金矿的开采许可证审批产生了很大影响。委内瑞拉有关政府官员和国家总统多次公开表示委内瑞拉将对 Las Cristinas 金矿实行国有化、接管金矿、收回专有开采权。国家政策的变化使得 Crystallex 公司在 2009—2011 年对 Las Cristinas 金矿的开采权一直处于悬而未决的状态。一方面,Crystallex 公司收到 CVG 公司确认金矿开采合同有效的通知;另一方面委内瑞拉总统又公开声明将把 Las Cristinas 金矿全部收归国有,由委内瑞拉自行开采黄金。委内瑞拉副总统在 CVG 公司征询解除金矿开采合同事由的回复中也称:"Crystallex 公司履行了合同的各项义务,其只是欠缺金矿开采许可证。"这表明 Crystallex 公司在金矿开采合同履行过程中并不存在任何违约行为。CVG 公司对解除金矿开采合同合法性的质疑也佐证了委内瑞拉颁发许可证拒绝函过程中存在严重的程序瑕疵。CVG 公司曾在合同解除的 6 个月前,也就是 2010 年 8 月 15 日告知 Crystallex 公司,金矿开采合同"仍然有效"。仲裁庭认为,这也表明委内瑞拉政府前后行为不一,无法向投资者提供稳定、可预见的法律框架。

综上，仲裁庭裁决委内瑞拉拒发许可证和解除金矿开采合同的行为具有专断性，有违透明度原则和未向投资者提供稳定、可预见的法律框架。

（三）关于非歧视原则、正当程序原则、不得滥用职权和诚信原则

仲裁庭认为非歧视原则和正当程序原则是公平公正待遇的核心要素。投资者必须证明自己在东道国受到歧视。本案中，仲裁庭认为申请人没有充分且确定的理由证明其确实受到委内瑞拉的歧视，理由如下：

第一，申请人未举出适当的可比较对象，无法证明其受到歧视性待遇。虽然委内瑞拉曾考虑与 Rusoro 建立合资企业，但是关于该合资企业与 Las Cristinas 金矿有关的后续事项并不足以支撑申请人提出的歧视待遇索赔。而之后与委内瑞拉签订合同的中国中信公司（CITIC）也不是一个合适的可比较对象。因为现有证据没有记录这份合同的细节。即便后续委内瑞拉和中国中信公司（CITIC）订立了一个框架不同的合同也并不能简单地将其拿来与 Crystallex 公司受到的待遇进行比较。鉴于申请人没有充分证据证明委内瑞拉在与 Crystallex 公司解除合同后与中国中信公司（CITIC）建立了合同关系，因此关于委内瑞拉存在歧视的指控也不能成立。对于申请人提出的委内瑞拉与俄罗斯的 VenRus 成立合资企业有违非歧视原则的指控，仲裁庭也认为申请人提交的相关文件并不能证明委内瑞拉存在违反公平公正待遇的行为。

第二，申请人关于被申请人滥用职权和不诚信的指控也不成立。委内瑞拉与中国中信公司（CITIC）之后达成合同关系同样不能作为证据证明委内瑞拉滥用职权和不诚实的理由。仲裁庭认为，申请人想要证明必须举出更为充分的证据。

第三，申请人对委内瑞拉违反正当程序的指控也不能成立。申请人认为行政许可部门未对请求重新审查许可的申请作出决定，矿业部也未对申请人的上诉进行回应，这些不作为都足以表明被申请人侵犯了本案申请人的正当程序权利。对此，仲裁庭在咨询相关法律专家后认为，根据委内瑞拉法律，行政机关对于行政相对人的请求在 90 天内未作出明确意思表示

的,原申诉视为被拒绝,此时相对人有权向法院提起诉讼,维护自身权益。本案中,申请人的申诉在未获得行政机关答复后,就视为被拒绝,此时申请人没有及时向法院提起诉讼进行救济就视为放弃此项权利。此外,委内瑞拉在金矿开采合同被解除之前并未启动任何行政程序。因此,行政机关对申请人的申诉行为未予回应的行为并没有违反正当程序原则。

综上,仲裁庭裁决,申请人指控被申请人违反非歧视原则、正当程序原则,存在滥用职权及不诚信行为的指控不能成立。

最后,仲裁庭认为本案中委内瑞拉 2007 年 5 月 16 日信函中的具体承诺足以使 Crystallex 公司产生合理期待,拒发许可证以及解除金矿开采合同的行为损害了 Crystallex 公司的合理期待,其行为具有专断性、缺乏透明度且违反了一致性原则。因此,裁决委内瑞拉违反了《加拿大—委内瑞拉 BIT》第 2 条第 2 款的公平公正待遇条款。

四、本案的启示和意义

本案主要的争议焦点是委内瑞拉拒绝 Crystallex 公司金矿开采许可证的行为是否违反了公平公正待遇。本案中,仲裁庭认为公平公正待遇并不直接等同于国际最低待遇标准。公平公正待遇作为一项独立的待遇标准,仲裁庭通过梳理 ICSID 仲裁先例,归纳其要素如下:不得拒绝裁判、保护合理期待、非专断与非歧视待遇、透明度原则、提供稳定和可预见的法律框架。同时,违反公平公正待遇并不需要达到难以忍受或令人震惊的程度,具体判断必须结合个案情况具体问题具体分析。

(一)关于保护合理期待

仲裁庭认为受公平公正待遇条款保护的"合理期待"不能是宽泛的,应当有东道国对投资者具体明确的承诺为依据,东道国本国法律的一般性要求以及东道国政府官员的公开陈述、说明等都不能使投资者产生公平公正待遇条款项下的"合理期待"。换言之,只有当东道国向投资者作出特定具体承诺或者对投资者投资所依赖的实质性利益进行明确陈述时,投资者才会据此产生合理期待。

（二）关于非专断与非歧视待遇

制定或实施一项措施的依据如果是过度的自由裁量权、偏见或者个人偏好而非法律规则，那么该项措施就是专断的。国家对涉及国家主权范围内事项的开发项目（如涉及环境污染、生态保护等）是否授予开发许可具有一定的自由裁量权，判断东道国的行为是否具有专断性需要具体问题具体分析。但是，审查投资者的技术要求、拒绝授予许可证等审批过程必须严格按照规定操作，不得违反正当程序。如果违反可预见性原则，以申请人难以预见的理由作出行政决定，或者拒绝许可的决定缺乏数据、资料、法律依据等予以佐证，则东道国该行为具有专断性。非歧视待遇要求东道国平等地对待所有在本国的外国投资者，并不因投资者身份和国籍差异而做出区别对待。同时，投资者要证明东道国违反了非歧视待遇，必须有确实充分的证据证明其举出的待遇"参考者"是一个合格的比照对象；否则，投资者关于东道国的此项指控很可能存在落空风险。

（三）关于透明度原则

透明度原则要求东道国应当以透明的方式对投资进行管理，即东道国应当及时向投资者披露该国与投资相关的法律法规、政策等文件内容。如果投资过程中，东道国没有及时对其所做决定的法律依据和遵循的程序性规则作出说明，就可能违反公平公正待遇。

（四）关于提供稳定可预见的法律框架

为了促进和保护缔约双方之间的国际投资活动，东道国应当在投资者投资期间向其提供稳定和可预见的法律框架。稳定和可预见的法律框架不仅可以吸引海外投资，而且可以使投资者在东道国的投资利益具有明显的可预见性。东道国的政策变化可能会对投资者预期利益造成影响，如果因为现有的政策变更导致投资者依据所信赖的法律框架能获得利益无法按期实现，那么东道国将可能因为没有提供稳定可预见的法律框架而被认定为违反公平公正待遇。

公平公正待遇是国际投资条约中一项重要待遇标准,明确公平公正待遇条款的内涵要素不仅有助于投资者获得更好的投资保护,也有助于促进东道国恪守相应的标准要求,从实体上保护投资者合理期待、建立稳定和可预期的法律框架;从程序上坚持透明度原则、秉持正当程序、禁止歧视,从而吸引更多的外国投资者。一旦当事人双方发生纠纷,仲裁庭也能依据条款及时化解投资纠纷,实现国际投资的可持续发展。

第五章 中外 BIT 公平公正待遇条款
改革路径

第一节 美式"习惯国际法最低待遇标准型"条款模式

公平公正待遇条款的内涵不明晰，导致仲裁实践对条款本身存在大量抽象性和宽泛性的解释。各国为了避免实践中诸如解释分歧和裁决冲突等问题的出现，纷纷对双边投资协定中的公平公正待遇条款作出改革来限制公平公正待遇条款的适用范围。1984 年，美国 BIT 范本的第 2 条将公平公正待遇规定为：各种投资在任何时候均应当获得公平公正待遇，并享有充分的保护和安全；所获得的待遇，在任何情况下均不得低于国际法的要求。从条文措辞可以看出，国际最低待遇标准已经初步被引入条约立法。[①]
2001 年 FTC 对公平公正待遇作出限制性解释：缔约他方投资者所享有的最低待遇标准就是习惯国际法提供的对外国人的最低待遇标准。公平公正待遇和全面保护与安全的概念不要求给予习惯国际法关于外国人最低待遇标准之外的待遇。根据这一解释，公平公正待遇的内涵范围被限制。换言之，公平公正待遇的内涵被限定为不得超过习惯国际法最低标准待遇的范围。此后，美国新签订的多个双边投资协定示范文本都将公平公正待遇归入最低待遇标准。2004 年，美国 BIT 范本中也对这一认定标准进行强化，将"最低待遇标准"作为绝对待遇条款正式命名。

美国采取的改革思路是将公平公正待遇条款的内涵框定在习惯国际法最

---

① 刘笋：《论投资条约中的国际最低待遇标准》，《法商研究》2011 年第 6 期。

低待遇标准的范围内。通过设定习惯国际法最低待遇标准的适用门槛可以限制公平公正待遇的保护范围，避免仲裁庭在解释该条款上的自由裁量权过大。借助习惯国际法最低待遇标准可以平衡美国作为东道国的国家利益与美国在参与海外投资时的投资者利益。可以说，FTC 对公平公正待遇条款的限制性解释在仲裁实践中有效地限缩了东道国管制外资权限，减少了美国在投资中可能受到的主权威胁和仲裁诉累。比起抽象和模糊的公平公正待遇条款，历史悠久的习惯国际法最低待遇标准在理论和实践上都更具说服力。

第二节 欧式"明确列举式"条款模式

不同于美国"习惯国际法最低待遇标准型"的公平公正待遇条款改革路径，欧洲国家签署的双边投资协定不直接采用"习惯国际法最低待遇标准"的标准，涉及公平公正待遇的内容一般表述为"符合国际法要求的公平公正待遇标准"。针对晚近公平公正待遇条款的扩大化解释倾向，欧洲国家签署的双边投资协定已经开始展露出另一种条款改革路径——明确列举式改革路径。

2014 年《欧盟—新加坡 FTA》第 9.4 条规定："构成违反公平公正待遇的措施是指：在刑事、民事和行政程序中拒绝司法；根本性违反正当程序原则；明显的专断行为；骚扰、强制、滥用权力或者类似的恶意行为；违反了投资者基于缔约一方为吸引投资作出明确、具体承诺而产生的合理期待；前述未列明的待遇也可能构成对公平公正待遇条款的违反，但需缔约双方根据本协定第 17.1.(4).e 项规定的修订程序达成协议。"

明确列举式条款模式可以避免公平公正待遇条款内容过于抽象而引发的一系列问题。通过明确列举的方式，确定条款的具体要素，降低该条款被滥用的风险。具体而言，明确列举式条款设计模式又可以细分为两种：开放式列举和封闭式列举。开放式列举是指不穷尽式列举，即对常见的公平公正待遇条款内容进行罗列后，以"包括但不限于""等"或者"其他"这类兜底字样结尾。这种列举方式可以在赋予公平公正待遇确定性的同时确保条款具有一定的灵活性，方便投资双方在签订双边投资协定以后对公平公正待遇条款所包含的内容进行调整。封闭式列举是指排他式列举，即明确条款的具体内容仅为某几项，或者通过"包括且限于"等表述将公平公正待遇条款的内涵要素限制在所列的项目内，明确排除其他未被明确规定的公平公正待遇要素。

欧洲国家采取明确列举方式对公平公正待遇条款的具体要素进行规定时，涉及的要素多为国际投资仲裁实践中仲裁庭较常认定的要素。随着跨国投资的不断增多，未来国际投资的形式和种类都有可能会创新，公平公正待遇条款所包含的情形也必将随之增多。历览国际投资仲裁实践，被认定为违反了公平公正待遇条款的情形达到了 11 种之多，包括：违反正当程序、实行专断的和歧视性措施、损害外国投资者合理期待、缺乏透明度、未提供稳定的和可预期的法律和政策框架、采取强制和侵扰行为、以不适当之目的行使权力、东道国政府或部门越权行事、未尽适当审慎义务、不当得利以及非善意等。[①]欧盟的"明确列举式"界定方式也认识到了这一点，因而采取的是开放式列举模式。既在投资协定中直接列举公平公正待遇条款的内涵要素，又设置了要素的动态调整机制，在条款中附加投资双方协商一致修改条款内容的程序。这种动态调整机制不仅可以让公平公正待遇条款的内涵可以随着投资环境、仲裁实践的发展不断演进，而且可以将公平公正待遇条款的内容调整权明确赋予缔约双方。由此，公平公正待遇条款的具体要素既不会因为仲裁庭的自由裁量权过大而具有扩张趋势，也可以解决因为封闭式列举而造成的公平公正待遇条款的僵化适用问题。

第三节　FET 条款解释方法的多元化

一、《维也纳条约法公约》路径

（一）根据《维也纳条约法公约》解释的仲裁实践

公平公正待遇条款看似简单，但其在国际投资仲裁案件中的待遇内涵

---

① 梁开银：《公平公正待遇条款的法方法困境及出路》，《中国法学》2015 年第 6 期。

认定问题却很复杂，甚至被学者评价为"欺骗性的简单"，已经成为国际投资协定中最具争议的条款之一。总结仲裁实践可以发现，仲裁庭对 BIT 中公平公正待遇条款的解释方法可大致归为两类：一是将公平公正待遇视为习惯国际法的最低待遇标准；二是将公平公正待遇标准视为独立的投资待遇标准，以《维也纳条约法公约》第 31 条所规定的条约解释方法对公平公正待遇条款进行解释。①

前者产生于国际投资发展前期，在此模式下，东道国对投资者的保护标准较低，只有其国家行为达到严重不公正或不公平，具有歧视性或使投资者遭受种族歧视，且对投资者造成了损害的情况下，才会被认为违反了公平公正待遇标准。同时，因为习惯国际法最低待遇标准本身的含义就存在争议，此种解释方法的应用较为复杂，发达国家与发展中国家往往不能就投资待遇标准是否构成习惯国际法达成统一意见。随着各国对投资者利益保护程度的加强，BIT 已经很少直接在条文中将公平公正待遇等同于"最低待遇标准"，仲裁庭也开始在仲裁裁判中更多地采纳公平公正待遇条款的第二种解释方法，即参照《维也纳条约法公约》第 31 条对公平公正待遇条款进行解释。

1. Crystallex 诉委内瑞拉案——"通常含义"解释方法。与 NAFTA② 中明确将公平公正待遇条款指向最低待遇标准不同，《加拿大—委内瑞拉 BIT》中的公平公正待遇条款明确指向了"国际法原则"。仲裁庭据此指出，不能将公平公正待遇标准等同于习惯国际法中的最低待遇标准，而应将本案所涉及的公平公正待遇视为一项独立自主的条约标准，③并援引了 Vivendi 诉阿根廷案的裁判观点说明其理由。在 Vivendi 诉阿根廷案④中，

---

①　R Islam，*The Fair and Equitable Treatment Standard in International Investment Arbitration Developing Countries in Contest*，Springer，2018，p.13.

②　《北美自由贸易区协定（NAFTA）》第 1105.1 条"最低待遇标准"：每一缔约方应依据国际法为另一方投资者的投资提供投资待遇，包括公平公正待遇和充分的安全与保护。

③　Crystallex International Corporation v. Bolivarian Republic of Venezuela，ICSID Case No. ARB（AF）/11/2，Award，4 April 2016，para 530.

④　Compañía de Aguas del Aconquija S.A. and Vivendi Universal S.A. v. Argentine Republic，ICSID Case No.ARB/97/3，Resubmitted Case，Award，20 August 2007，para.7.4.6.

仲裁庭认为，"其一，国际法原则的范围比公平公正待遇标准的范围更广；其二，要求遵守国际法原则的条款只是为公平公正待遇设定了最高标准；其三，条款的用语表明缔约者需要遵守当代的国际法原则，而非仅仅遵守一个世纪以前的国际法原则。"

同时，仲裁庭还援引了 Arif 诉摩尔多瓦案[①]和 SAUR 诉阿根廷案[②]的裁判理由，指出不能将公平公正待遇等同于习惯国际法中的最低待遇标准。在 Arif 诉摩尔多瓦案中，仲裁庭认为，除非像 NAFTA 第 1105 条那样在条文中明确将公平公正待遇等同于最低待遇原则的情况，否则以最低待遇标准作为解释公平公正待遇的方法是过时的。公平公正待遇条款的快速发展已极大地加快了习惯国际法的进展，因此虽然《法国—摩尔多瓦 BIT》将公平公正待遇与"国际法原则"相挂钩，但前者仍是一个独立自主的待遇标准。而 SAUR 诉阿根廷案的仲裁庭认为，将公平公正待遇标准等同于习惯法国际下的最低待遇标准的做法是"相当教条和概念性的"，现在所认为的公平公正待遇标准相较于 20 世纪初的标准而言，范围更广。

基于此，仲裁庭援引了《维也纳条约法公约》作为解释公平公正待遇条款的依据，其认为，《维也纳条约法公约》中的条约解释方法反映了习惯国际法，故虽然委内瑞拉不是该公约缔约国，但仲裁庭仍然可以依据《维也纳条约法公约》对公平公正待遇条款进行解释。仲裁庭分别采取了《维也纳条约法公约》中所包含的多种条约解释方法对公平公正待遇条款进行解释。

首先，仲裁庭以"公平""公正"所含有的通常含义（plain meaning）对公平公正待遇条款进行了解释。仲裁庭援引了 MTD 诉智利案[③]仲裁庭

---

① Franck Charles Arif v. Republic of Moldova，ICSID Case No.ARB/11/23，Award，8 April 2013，para.529.

② SAUR International S.A. v. Argentine Republic，ICSID Case No.ARB/04/4，Decision on Jurisdiction and Liability，6 June 2012，para.491.

③ MTD Equity Sdn Bhd and MTD Chile S.A. v. Chile，ICSID Case No.ARB/01/7，Award，25 May 2004，para.113.

对"正义""公平""无偏见的"的解释，以及 S.D. Myers 诉加拿大案①仲裁庭提出的"不公正需要达到在国际层面不可接受的程度"的观点。但同时，仲裁庭承认此种解释方法并未对理解公平公正待遇标准提供实质性帮助。仲裁庭援引了 Saluka 诉捷克案②仲裁庭的观点，认为这是以通常含义解释方法解释公平公正待遇条款所能获得的所有信息。

在此前诸多仲裁实践中，许多仲裁庭试图提炼出公平公正待遇的要素。而 Crystallex 诉委内瑞拉案仲裁庭认为这些提炼出来的要素具有"启发性"，因为它们代表着当前公平公正待遇标准的核心内容。随后，仲裁庭通过援引 Rumeli 诉哈萨克斯坦案③、Lemire 诉乌克兰案④、Bayindir 诉巴基斯坦案⑤，归纳出前述案件仲裁庭对公平公正待遇要素的共同理解：保护合理期待、非专断、透明度要求、一致性、非歧视性、正当程序和善意。同时，仲裁庭指出，在具体判断一个国家的行为是否公平、公正时，不能抽象判断，而需要评估特定案件中的事实、背景和环境。

2. MTD 诉智利案⑥——"目的与宗旨"解释方法。虽然智利在向仲裁庭提交意见时提及了 FTC 关于第 1105 条公平公正待遇条款做出的"公平公正待遇标准不应超过习惯国际法中的最低待遇标准"的解释，并请求仲裁庭考虑这一解释的影响力，但仲裁庭以《克罗地亚—智利 BIT》公平公正待遇条款中未提及习惯国际法为依据，排除了对公平公正待遇条款的最低待遇标准解释方法。相反，仲裁庭认为其具有依照《维也纳条约法公

---

① S.D. Myers, Inc. v. Government of Canada, Partial Award, 13 Nov. 2000, para.263.

② Saluka Investments B.V. v. Czech Republic, UNCITRAL, Partial Award, 17 March 2006, para.297.

③ Rumeli Telekom A.S. and Telsim Mobil v. Kazakhstan, ICSID Case No. ARB/05/16, Award, 29 July 2008, para.609.

④ Lemire v. Ukraine, ICSID Case No.ARB/06/18, Decision on Jurisdiction and Liability, 14 January 2010, para.284.

⑤ Bayindir Insaat Turizm Ticaret ve Sayani A.Ş. v. Pakistan, ICSID Case No.ARB/03/29, Award, 27 August 2009, para.178.

⑥ MTD Equity Sdn Bhd v. Republic of Chile, ICSID Case No.ARB/01/7, Decision on Annulment, 21 March 2007, para.71.

约》解释 BIT 条款的义务，并且通过援引《维也纳条约法公约》第 31 条第 1 款的规定，明确其需要按照条约"通常含义"以及"目的和宗旨"，对公平公正待遇条款进行善意解释。①

仲裁庭指出，BIT 中的公平公正待遇需要以最有助于实现 BIT 目的和宗旨的方式进行解释。而在解释 BIT 的目的和宗旨时，仲裁庭认为《克罗地亚—智利 BIT》在序言中指出，双方愿意为一方投资者在另一国境内的投资创设有利条件，且承认有必要保护双方投资者的投资，刺激投资流动，以促进两国的经济繁荣。"促进""创造""刺激"等用语可以看出公平公正待遇条款是对国家积极行为的陈述，而不单纯是对国家消极行为或对投资者偏见行为的禁止性规定，故公平公正待遇应该被理解为"保护投资"和"创设有助于投资环境"的投资待遇标准。

3. Saluka 诉捷克案——"通常含义""上下文""目的和宗旨"解释方法。在 Saluka 诉捷克案中，仲裁庭分别从当事方属于《维也纳条约法公约》缔约国和《维也纳条约法公约》条约解释方法构成习惯国际法两方面阐释了《维也纳条约法公约》第 31 条第 1 款规则的可适用性，并分别从条款的通常含义、上下文及目的和宗旨三方面阐释了公平公正待遇标准。

首先，仲裁庭从公平公正待遇条款所具有的通常含义出发，对公平公正待遇进行解释。与 Crystallex 诉委内瑞拉案一样，仲裁庭援引了 MTD 诉智利案和 S.D. Myers 诉加拿大案中仲裁庭关于通常解释的观点，并认为这已经是仲裁庭利用该方法所能得到的最为详细的解释结果了。②其次，仲裁庭采用了上下文解释方法，分别从"狭义"上下文和"广义"上下文两个角度对公平公正待遇条款进行解释。其中，狭义上公平公正待遇条款的上下文是每一缔约方给予另一缔约方投资者的投资待遇水平；而广义上该条款的上下文则指条约的其他条款，并直接将"其他条款"明确为条约序

---

① MTD Equity Sdn Bhd. and MTD Chile SA v. Republic of Chile，ICSID Case No.ARB/01/7，Award，May 25 2004，para 112.

② Saluka Investment BV（The Netherlands）v. The Czech Republic，UNCITRAL，Partial Award，17 March 2006，para 297.

言，认为序言将公平公正待遇与"刺激资本、技术流动以及缔约双方的经济发展"直接联系起来。[①]

4. TECMED 诉墨西哥案——"参照上下文的善意"解释方法。在 TECMED 诉墨西哥案中，《西班牙—墨西哥 BIT》只要求国家"依据国际法"提供公平公正待遇，而未在公平公正待遇条款中施加其他任何限制。而仲裁庭在解释公平公正待遇条款时，认为需要对该条款进行独立的解释，或依据《维也纳条约法公约》第 31 条第 1 款所规定的通常含义方法进行解释，或依据国际法和善意原则，从协议所设定的义务和国家为遵守协议所采取的行为出发对公平公正待遇条款进行解释。[②]虽然仲裁庭在仲裁裁决中将《维也纳条约法公约》条约解释方法与善意原则相分离，看似是两种截然不同的条款解释方法，但笔者认为，依据善意原则，并参考公平公正待遇条款上下文所设定的其他条款义务对公平公正待遇进行解释，恰恰符合《维也纳条约法公约》第 31 条所规定的"参考上下文所具有的通常含义予以善意解释"的规定。从这一角度分析，仲裁庭所陈述的两种解释方法在本质上并无区别。

仲裁庭认为《西班牙—墨西哥 BIT》中的公平公正待遇条款是对国际法中善意（bona fide）原则的体现。而基于国际法中的善意原则，仲裁庭进一步将"投资者的基本期待"纳入公平公正待遇要素中，并以列举的方式，将"行为一致性""透明度"等要素纳入公平公正待遇的内涵之中。

（二）以《维也纳条约法公约》解释公平公正待遇条款的原因

1.《维也纳条约法公约》条约解释规则的普适性。《维也纳条约法公约》第 31 条第 1 款规定了条约的权威性解释因素，明确了条约解释的三个原则：其一，依据"善意原则"对条约进行解释；其二，条约内容应按照其所使用的词语的"通常含义"进行解释；其三，条约用语的通常

[①]　张庆麟、张晓静：《论公正与公平待遇的习惯国际法特征》，《国际经济法学刊》2009 年第 4 期。

[②]　Tecnicas Medioambientales Tecmed SA v. The United Mexican States，ICSID CASE No. ARB（AF）/00/2，Award，May 29 2003，para 155.

含义需要参照"上下文"及"目的和宗旨"确定。第31条第2款与第3款则进一步就前项所规定的"上下文"解释方法予以阐释，明确"上下文"包括条约序言、附件以及当事国为订立条约所达成的任何事前或嗣后协定。[①]

在实践中，一国并非是《维也纳条约法公约》缔约国或 BIT 生效时间早于《维也纳条约法公约》等原因，可能会影响公约的可适用性，但《维也纳条约法公约》的条约解释规则已经形成习惯国际法规则，仲裁庭可以直接援引《维也纳条约法公约》第31条、第32条对公平公正待遇条款进行解释。

2. 条约解释方法与最低待遇标准解释方法的兼容性。如前文所述，在仲裁实践中，仲裁庭主要以《维也纳条约法公约》条约解释方法或最低待遇标准解释公平公正待遇条款。多数学者在比较这两种解释方法时，或仅单纯以列举的方式对二者予以介绍，或强调二者在对公平公正待遇条款的定性上存在差异——前者将公平公正待遇视为独立自主的外资待遇标准，而后者则将公平公正待遇与最低待遇标准进行挂钩，使公平公正待遇具有附属性质——暗示两种解释方法间的差异。[②]实践中，仲裁庭也多选用其中一种方式对公平公正待遇条款进行解释。但笔者认为，这两种解释方法并非完全对立，如果 BIT 将公平公正待遇与最低待遇标准相联系，无论是通过《维也纳条约法公约》解释方法还是通过最低待遇标准解释方法对公平公正待遇进行解读，其效果是一致的。

条约解释方法与最低待遇标准解释方法的兼容性在 ICSID 仲裁实践中有所体现。在 Waste Management 诉墨西哥案中，仲裁庭指出 NAFTA 中的公平公正待遇条款是涵盖在最低待遇标准的上下文（context）中的，故在仲裁书中指明自己所阐释的是"公平公正待遇的最低待遇标准"。[③]依据

---

① 李浩培：《条约法概述》，法律出版社 2003 年版，第 350—352 页。

② 邓婷婷：《国际投资协定中的公平公正待遇研究》，法律出版社 2017 年版，第 62 页。

③ Waste Management Inc v. United Mexican States，ICSID Case No.ARB（AF）/00/3，Award，April 30 2004，para 326.

上下文对公平公正待遇条款进行解释的方法，体现了《维也纳条约法公约》解释方法的特征；而依据习惯国际法的最低待遇标准阐释公平公正待遇的构成要素，又符合最低待遇标准的解释方法。由此可见，《维也纳条约法公约》解释方法与最低待遇解释方法具有兼容性，仲裁庭适用《维也纳条约法公约》条约解释规则并不会妨碍部分 BIT 中将公平公正待遇等同于最低待遇标准的意图。

3. 限制仲裁庭解释公平公正待遇时的过度自由解释权。在晚近国际投资仲裁实践中，仲裁庭在解释公平公正待遇标准时具有极大的自由裁量权，其对该条款的扩张解释使得东道国的主权裁量空间面临很大的不确定性，因而使公平公正待遇条款饱受诟病，引发激烈争议。[①]这一现象是由以下多方面的原因导致的。

首先，与最惠国待遇、国民待遇等相对外资待遇标准不同，公平公正待遇标准作为一项"绝对待遇标准"，并不需要参照东道国给予本国国民和第三国国民的待遇标准。公平公正待遇标准在判断时缺乏具体的比照对象，其本身就具有高度的模糊性。其次，各国在签订 BIT 时，很少对公平公正待遇条款加以具体规定，语义较为抽象，需要结合案件具体事实判断公平公正待遇的构成要素，这便赋予了仲裁庭极大的自由裁量权。最后，由于各国 BIT 中关于公平公正待遇条款的表述方式不同，且实践中并未形成关于 EFT 条款解释方法的统一规定或习惯做法，故仲裁庭面对不同的公平公正待遇条款表述可能做出不同的解释，其条约解释具有任意性特征。[②]在晚近国际投资仲裁实践中，仲裁庭常对公平公正待遇进行扩张解释，使得该待遇标准的内涵无论是在实体抑或程序方面都有所扩充。

4. 条约解释方法可与具体案情相结合，对公平公正待遇条款进行灵活解释。仅依靠《维也纳条约法公约》的条约解释规则解释公平公正待遇，

[①]　邓婷婷：《国际投资协定中的公平公正待遇研究》，法律出版社 2017 年版，第 15 页。

[②]　同上书，第 16 页。

不能为实践中仲裁庭在个案基础上阐释公平公正待遇要素的通常做法提供充分的理论基础。①仲裁庭在诸多案件中都对公平公正待遇标准随时代发展而变化的特征予以确认。在 MTD 诉智利案中，当事人双方都同意 Schwebel 法官的观点，认为公平公正概念标准在适用于某一组具体事实时才真正得以确定。②在 Mondev 诉美国案③中，仲裁庭曾指出"不能抽象地判断公平和公正的内涵，而应该将推理过程建立在具体案件事实之上。"虽然这样的解释方法可能会在一定程度上加大公平公正待遇条款适用的不确定性，但这正是公平公正待遇演进性特征的体现。④因此，《维也纳条约法公约》解释方法相较于最低待遇标准解释方法而言具有优势。参照《维也纳条约法公约》所规定的条约解释方法对公平公正待遇条款进行解释不仅能够为仲裁庭提供相对客观、稳定的解释路径，还可能使得仲裁庭能以结合案情的方式确保公平公正待遇内涵的与时俱进。

二、冲突法路径

从现有国际投资仲裁实践来看，在 Philip Morris 亚洲公司诉澳大利亚案中，投资者声称澳大利亚违反国际贸易条约项下义务，不符合投资者的合理期待，故违反公平公正待遇标准。⑤这一主张将公平公正待遇的解释问题带入新领域，即条约冲突问题。如果东道国因履行其他条约体制项下义务而违反投资条约中的公平公正待遇标准，国家将陷入"条约遵守"困境，也将动摇我们一直信守的条约必须遵守原则。对此，笔者认为冲

---

① M Paparinskis, *The International Minimum Standards and Fair and Equitable Treatment*, Oxford University Press, 2013, p.7.

② MTD Equity Sdn Bhd and MTD Chile SA v. Republic of Chile, ICSID Case No ARB/01/7, Award, May 25, 2004, para 109.

③ Mondev International Ltd. v. United States of America, Award, ICSID Case No.ARB（AF）/99/2, 11 October 2002, para.118.

④ 林燕萍、朱玥：《论国际投资协定中的公平公正待遇——以国际投资仲裁实践为视角》，《上海对外经贸大学学报》2020 年第 3 期。

⑤ Philip Morris Asia Limited v. The Commonwealth of Australia, Notice of Arbitration, 21 November 2011, UNCITRAL, PCA Case No.2012-12, paras.6.5, 7.6.

突法路径是解决条约冲突的一大可行路径，对于解释公平公正待遇提供了新的角度。①

（一）运用冲突法解决体制间条约冲突的可行性分析

通说认为，特别法优先原则和后行法优先原则是被各国国内法接受的法律适用原则。当这些基本原则无法解决不同国家法律之间的冲突时，冲突法便应运而生。当特别法优先原则和后行法优先原则无法解决不同条约体制间的条约冲突，我们就会想到国际私法上的解决方案——冲突法规则。这一思路来源于冲突规则的选法方法，用一种规则指引或方法导向来解决不同法律体制下的法律冲突。我们不妨借鉴这样的方法来讨论条约冲突问题。

1. 国家间的法律冲突与条约体制间的条约冲突。在冲突法意义上，国家间的法律冲突以各国的地域范围为界限，主要表现为国际民商事法律冲突，即各国民事法律对同一民事关系的规定不同而发生法律适用上的冲突。②首先，这种法律冲突产生的前提是各国都承认外国人的民事法律地位，国际民商事法律关系才得以产生。其次，各国主权平等，立法权彼此独立。有着不同社会制度、经济发展状况和历史文化传统的国家制定的法律必然存在差异。正是因为这种差异，带来了法律适用结果的不同，对法院地国的裁判者提出了应适用哪一国家法律来确定当事人权利义务的问题。最后，在一定条件下，各国基于主权原则和平等互利原则承认外国法律具有域外效力。但是相互冲突的各国法律竞相要求对同一涉外民事关系实施管辖时，裁判者就面临一种法律上的选择，要么是"单选题"，要么是"多选题"，寻求一种彼此能够接受、能够得到承认与执行的准据法。

条约体制间的条约冲突以国际法各分支的划分为界限，③主要表现为国

---

① 林燕萍、朱玥：《冲突法在条约冲突解决中的价值及实现路径——由澳大利亚烟草平装争端引发的思考》，《中国国际私法与比较法年刊》（2021 年）。

② 肖永平：《肖永平论冲突法》，武汉大学出版社 2002 年版，第 9 页。

③ Henning Grosse Ruse-Khan, A Conflict-of-Laws Approach to Competing Rationalities in International Law: the Case of Plain Packaging between Intellectual Property, Trade, Investment and Health, *Journal of Private International Law*, Vol.9, 2013, p.322.

际条约规则冲突，即分属不同条约体制的条约规则对同一主权国家条约义务的规定不同而发生条约适用上的冲突。首先，条约是国际法的法律渊源之一，所以这种条约冲突的本质是一种法律冲突。由于条约之间没有效力等级上的差异，不同条约体制下的条约彼此"承认"条约的效力，这是条约冲突产生的前提。其次，条约体制是高度专业化、板块化的，有其独特的缔约背景、缔约方、缔约过程以及发挥拘束力的领域，所以不同条约体制中的条约规则通过设定不同的条约义务，达到本条约体制欲实现的价值目标。这种差异带来了条约适用结果的不同，对各条约体制中争端解决机构的裁判者提出了应适用哪一条约体制中条约来确定国家权利义务的问题。最后，在"条约必须遵守"的约束下，一国应履行对其有效的所有条约项下的义务。为此，各国在缔结条约时往往会加入一项"冲突条款"，或规定本条约优先适用，或规定本条约不影响其他条约的适用。①可见，相互冲突的条约规则并非竞相要求对国家实施绝对的管辖，而是竞相要求基于本条约体制的内生逻辑，在最大限度上实现本条约的效力。这时裁判者很难再"多选一"，而应综合考虑相关条约的宗旨和目标处理条约冲突。

综上可以发现，不同国家间的法律冲突与不同条约体制间的条约冲突存在某些共性，法律冲突的外观从以国家领土为界转移到国际法各分支领域为界。打一个比方，对于不同条约体制中争端解决机构的裁判者而言，本条约体制中的条约相当于"法院地法"，其他条约体制中的条约相当于"外国法"。这时冲突法的路径可以有效避免裁判者因地域偏见而径直适用本条约体制中的条约（法院地法）。与此同时，运用冲突法解决国际公法领域的条约问题时要予以适当调整，不再从多个相互冲突的法律中选择一个准据法，而是兼顾适用相互冲突的条约规则，这就是"法律共享"理念。②

2. 政府利益冲突与条约利益冲突。柯里（Brainerd Currie）提出的

---

① 廖诗评：《国际条约冲突中的冲突条款评析》，《政治与法律》2007 年第 3 期。
② 杜涛：《从"法律冲突"到"法律共享"：人类命运共同体时代国际私法的价值重构》，《当代法学》2019 年第 3 期。

"政府利益分析说"是美国冲突法革命中涌现的具有代表性的冲突法理论之一，它深刻地影响了美国的司法实践。柯里认为，各国制定法律皆是为了推行某种政策，包括经济政策、社会政策、文化政策等。在实现政策过程中，联邦或某个州自然会得到某种利益，并且体现为政府利益。分析法律冲突不仅要关注法律规范内容上的差异，也要关注这些规则背后所体现的政府利益的差异。由此，柯里将这种利益冲突划分为"真实冲突"和"虚假冲突"。假设在绝大多数情况下，法律冲突均以虚假冲突的形式出现，即在相互冲突的法律背后，只有一个州的法律具有正当利益，法官就应当适用唯一具有利益的那个州的法律。当两个或两个以上州的法律在同一民事关系中都具有正当利益时，法律冲突才是真实的冲突，才会产生法律选择问题。[①]

为实现某种国家目的或利益，缔约国往往会经过多轮谈判，相互妥协，最终达成某项条约。仔细分析条约文本可以发现，条约的序言部分清楚地载明了本条约欲实现的目标和宗旨，条约正文中的命令性规则是积极实现条约目标宗旨的制度安排，禁止性规则是防止条约目标宗旨落空的"最后防线"，授权性规则则是由国家自行决定是否行使条约权利的弹性条款。因此，条约冲突同样存在"真实冲突"和"虚假冲突"。我们知道，可以通过条约解释方法消除的条约冲突是表面冲突，即"虚假冲突"，[②]大多是授权性规则之间的冲突，或是授权性规则与其他规则的冲突。不能通过条约解释方法予以协调的条约冲突是"真实冲突"，这些条约在要求某一国家履行条约义务方面均具有正当利益，通常表现为命令性规则之间的冲突，或是命令性规则和禁止性规则之间的冲突，这将导致无论适用哪一条约，国家都会违反另一条约项下的义务。

由此可见，政府政策利益冲突与条约利益冲突也有共通之处。当不同条约体制间的条约冲突为真实冲突，即分属不同条约体制的条约对同一国

---

① 刘仁山：《国际私法》，中国法制出版社 2019 年版，第 48—49 页。
② 廖诗评：《条约解释方法在解决条约冲突中的运用》，《外交评论》2008 年第 5 期。

际争端均具有正当利益，并且竞相要求实现本条约体制的价值观念时，便产生了条约适用问题，其本质类似于法律选择，这时冲突法的方法就有了应用的空间。但是，由于裁判者在选择适用条约时并非只选择唯一的、正确的条约，所以在基于政府利益分析说解决不同条约体制间的条约冲突时，利益分析的结果不应只适用条约利益受损程度更大的条约。

综上所述，我们可以将不同类别的条约体制类比为不同国家的法律制度，不同条约体制间的条约冲突相当于不同国家法律之间的法律冲突。当条约冲突是真实冲突时，裁判者将面临条约适用的难题。选择哪一个条约更合适，更能体现国家间利益的最大化，更能降低违反"条约必须遵守原则"的成本。冲突法作为调整不同国家利益冲突的法律，可以经过适当调整以适应不同条约体制间条约冲突的特性，进而找到有效解决条约冲突的方法。

（二）条约冲突解决中的冲突法路径及其调适

从国家间的法律冲突到条约体制间的条约冲突，从政府政策利益冲突到条约利益冲突，其中的共性使冲突法可以补足特别法优先原则、后行法优先原则和体系整合原则在条约冲突解决中的短板，成为解决不同条约体制间条约冲突的有效分析工具。考虑到条约适用与国际私法中的法律适用仍然存在关键性的差异，即裁判者不再选择唯一的准据法予以适用，而是统筹兼顾所有相关的条约。因此，从冲突法路径解决不同条约体制间的条约冲突时，需要对冲突法的一般制度、理论及法律选择方法进行适当调整。

1. 政府利益分析说和功能分析说。政府利益分析说认为法律冲突实质上是不同州之间的政府利益的冲突，而解决这种政府利益冲突最好的方法是对法律背后隐藏的相关州的政府利益进行分析。如果两个或两个以上州都具有正当利益，此时法律冲突是"真实冲突"。在这种"真实冲突"中，如果有法院地州的法律，则无条件适用法院地法；如果没有法院地州的法律，法官可以基于自由裁量选择案件适用的准据法。这一由柯里首创的利益分析理论对美国司法制度带来了巨大影响，但是其中的法院地法主义倾向也受到了强烈批评。于是，冯·梅伦（Von Mehren）和温特劳布（Wentraub）在政府利益分析说的基础上提出了"功能分析说",成为利益分析学派的另一分支。①
他们认为在处理"真实冲突"方面,法官应当比较各州法律的内容,根据
哪一州的法律具有能够取得合理、公正结果的功能来确定准据法。

　　这一思路给我们带来启发。在不同条约体制间的条约冲突中,之所以
争端方能够依据分属不同条约体制的条约提出法律诉求,是因为这些条约
都有对争议主张管辖的理由,都有适用于案件审理的正当性和合理性。这
契合了政府利益说所指的"真实冲突"。也有人提出质疑:多数国际法庭
的管辖权只限于某些类型的争端或某些条约项下引起的争端,进而认为当
争端方诉诸某一条约体制中的争端解决机构时,裁判者只能适用本条约体
制中的条约,因此不存在适用其他条约的可能,也就不可能发生真实冲
突。例如,澳大利亚烟草平装措施争端②中,贸易条约体制中的 WTO 争
端解决机构只能适用 WTO 所涵盖的协定;投资条约体制中的国际投资仲
裁庭只能适用投资条约。这就需要我们进一步探讨一个法理问题,即管辖
权与适用法律的区别。可以说,这二者存在着本质区别,有限的管辖权并
不意味着在对这些条约的解释和适用过程中对法律适用范围的限制。《联
合国海洋法公约》就是典型例证,其第 288 条第 1 款规定,海洋法仲裁法
庭拥有"对关于本公约的解释和适用方面任何争端的管辖权";第 293 条第
1 款规定,仲裁法庭在对案件做出裁决时,"应适用本公约和与本公约不相
抵触的其他国际法规则。"

　　由此可见,在分属不同条约体制的条约都具有正当利益的情况下,裁
判者既不能刻板地只适用某一项条约,也不能没有限度地任意适用条约。
根据功能分析说的观点,裁判者应当兼顾不同条约背后的利益,尤其是综
合考虑不同条约所体现的价值理念,尽量不与其他条约的主要目标、宗旨
发生抵触。整合其他条约体制所代表的利益的"能力"是适用条约的标准

---

　　① 李双元、徐国建:《国际民商新秩序的理论建构:国际私法的重新定位与功能转换》,武
汉大学出版社 2016 年版,第 172—173 页。

　　② Philip Morris Asia Limited v. The Commonwealth of Australia,Notice of claim,22 June
2011,UNCITRAL,PCA Case No.2012-12.

和依据，在一定程度上也有利于国际法的可持续发展。①

2. 公共秩序保留。无论是政府利益分析说还是功能分析说，都十分重视法律政策在确定准据法中的作用。传统的法则区别说以法则作为研究法律适用问题的出发点，将法则区分为不同种类而分别决定其适用的范围。②不仅如此，法则区别说学派最先提出了"公共秩序"概念，将公共秩序作为排除外国法适用的一种手段或制度。巴托鲁斯（Bartolus）指出，虽然"人的法则"可以适用于域外，但是人法中那些不利于当事人的禁止性法则，不能随人之所至而适用。胡伯（Huber）明确主张虽然依据国际礼让原则应承认外国法的域外效力，但是必须以不损害国家主权和臣民利益为前提。经历几个世纪的发展，现代各国的国际私法中公共秩序保留制度已经成为一国维护本国基本制度和重大特殊利益的"安全阀"。③当法院地根据冲突规范应适用外国法时，如果该外国法的适用与法院地国的基本政策、公序良俗观念相抵触，则排除该外国法的适用。

这种在法律适用时维护法院地国公共秩序的意愿同样可以在部分国际条约的"冲突条款"中找到。例如《生物多样性公约》第22条规定："（1）本公约的规定不影响任何缔约国在任何现有国际协定下的权利和义务，除非行使这些权利和义务将严重破坏或威胁生物多样性。（2）缔约国实施公约不得抵触各国在海洋法下的权利和义务。"上文提及的《联合国海洋法公约》也是如此，要求仲裁庭适用的其他国际规则不得与本公约相抵触。这类条约规则可以解读为一种"公共秩序保留"的意愿，一旦其他条约规则将减损本条约欲实现的目标和宗旨，则排除该条约规则的适用。根据这种思路，我们可以将整合其他条约体制所代表的利益的"能力"明确为：

① Henning Grosse Ruse-Khan, A Real Partnership for Development? Sustainable Development as Treaty Objective in European Economic Partnership Agreements and Beyond, *Journal of International Economic Law*, Vol.13, 2010, p.139.

② 丁伟：《国际私法学》（第三版），上海人民出版社、北京大学出版社2013年版，第41页。

③ 李双元：《国际私法》（冲突法篇），武汉大学出版社2016年版，第206—207页。

能够兼顾"法院地"条约体制的目标和宗旨。

综上，将利益分析与公共秩序保留相结合的路径具有可操作性和可行性。但这一路径的有效实施还需要冲突法中另一项重要制度——"外国法查明"制度作为保障，帮助裁判者在适用其他条约体制中的条约时，尽可能地准确理解相关条约规则的内涵。

3. 外国法查明。查明外国法是适用外国法的前提。当法院按照冲突规范的指引确定准据法为外国法时，就需要通过一定的方式和途径查明外国法的内容，否则无法适用外国法。我们知道，两大法系对查明外国法的认识存在差异。英美法系倾向于将外国法视为单纯的事实。法院地的法官没有调查和了解外国法内容的责任和义务，外国法的具体内容应由当事人向法院提供，并且作为证据经双方当事人质证，才能最终确定外国法的内容。大陆法系认为外国法也是法，根据"法官知法"原则，自然应由法官承担查明、确定外国法内容的责任。①

国际争端解决中，在适用条约冲突的情况下，裁判者一般是某一条约体制所属领域的专家。例如，WTO 专家组和上诉机构熟知 WTO 法律，国际投资仲裁庭熟知国际投资法律，所以不同领域的裁判者同样会遇到"外国法"查明的难题。鉴于国际诉讼具有深受普通法系影响的诉讼文化，裁判者大多是接受普通法思维训练的专家、学者，因此在解决不同条约体制间条约冲突过程中，裁判者宜将归属其他条约体制的条约规则视为单纯的事实，积极利用"法庭之友"制度（amicus curiae），主动寻求这些条约所涉领域专家的帮助，由专家出庭对条约的内容予以解释和说明，经双方质证后裁判者方能准确理解这些条约的"真义"。虽然最终仍然是裁判者承担解释和适用条约的义务，难免带有自己的价值取向和结构偏见，但通过此种途径，可以克服裁判者适用其他条约体制中条约的能力缺陷。

（三）从冲突法路径解决体制间条约冲突的案例推演

我们从理论假设再回到实践中来。2011 年，澳大利亚颁布《烟草平装

---

① 李双元：《国际私法》（冲突法篇），武汉大学出版社 2016 年版，第 227—231 页。

法案》，成为世界上第一个以立法形式强制要求烟草制品使用统一简易包
装的国家。澳大利亚政府称，澳大利亚每年因吸烟死亡的人数逾 1.5 万人，
造成近 315 亿澳元的社会成本。为降低烟草制品对消费者的吸引力，提高
健康警告标识的显著性和有效性，澳大利亚将严格履行世界卫生组织制定
的《烟草控制框架公约》（FCTC）项下义务，推行烟草平装制度。此举引
发了国际社会的热烈讨论与关注，也引起了利益相关方的不满，由此产生
了一系列国际争端。

烟草业巨头莫里斯亚洲公司向国际常设仲裁院提交仲裁申请，主张澳大
利亚烟草平装措施侵犯其商标权投资，违反《与贸易有关的知识产权协定》
（TRIPS）、《技术性贸易壁垒协议》（TBT）等项下义务，构成间接征收和不
公平不公正待遇，违反了《香港—澳大利亚 BIT》第 6.1 条和第 2.2 条。①但
是澳大利亚认为投资仲裁庭无权裁决其是否违反 TRIPS 和 TBT 项下义务，
这属于 WTO 争端解决机构的专属管辖事项；实施烟草平装措施系严格履行
FCTC 条约义务，保障公共健康，符合 FCTC 第 11 条和第 13 条之规定。②

聚焦"实施烟草平装措施是否违反公平公正待遇标准"的问题。如果
仲裁庭根据莫里斯公司的思路处理该争议，即澳大利亚违反 TRIPS、TBT
等贸易条约项下义务，不符合投资者的合理期待，故违反公平公正待遇标
准，③那么相当于"外国法"的贸易条约规则将得到适用，对案件审理也会
产生直接影响。此时，仲裁庭应当将 TRIPS、TBT 相关条约规则视为单
纯的事实，由 WTO 专家查明澳大利亚实施烟草平装措施是否违反
TRIPS、TBT 条约项下义务，或者等待 WTO 专家组对澳大利亚烟草平装
措施合法性的裁决。无论选择哪一种途径，仲裁庭都无权自行裁决澳大利
亚是否违反 WTO 法律，这属于 WTO 争端解决机构的专属管辖范围。

---

① Philip Morris Asia Limited v. The Commonwealth of Australia, Notice of claim, 22 June 2011, UNCITRAL, PCA Case No.2012-12.

② Philip Morris Asia Limited v. The Commonwealth of Australia, Australia's Response to the Notice of Arbitration, 21 December 2011, UNCITRAL, PCA Case No.2012-12, para.17.

③ Philip Morris Asia Limited v. The Commonwealth of Australia, Notice of Arbitration, 21 November 2011, UNCITRAL, PCA Case No.2012-12, paras.6.5, 7.6.

通过上述案例推演或许我们可以找到一种新的分析工具：即通过冲突法路径来解决这类条约冲突问题，并且尽可能地使裁判者保持中立，避免结构性偏见，兼顾多元化的条约价值理念，在一定程度上破解国际法碎片化发展带来的实践困境，尤其是条约体制冲突下使国家陷入条约遵守困境。

第四节　"一带一路"沿线国家投资风险评估

一、我国在"一带一路"沿线国家的投资情况

自"一带一路"倡议提出以来，中国不断与"一带一路"沿线国家深化经贸合作，提升贸易投资自由化和便利化水平，持续推进更高水平对外开放，催生了世界经济新格局，越来越多的国家和国际组织加入共商共建共享朋友圈。截至 2023 年 12 月，中国已先后与 152 个国家、32 个国际组织签署 200 多份共建"一带一路"合作文件，"六廊六路多国多港"互联互通架构基本形成。未来中国将继续秉持共商、共建、共享原则，坚持高质量发展，与"一带一路"沿线国家进一步加强各领域经贸合作，不断推动相关国家实现优势互补、互利共赢，推动"一带一路"沿线国家经济共同发展。

根据公开数据，2015—2019 年各年份中国对"一带一路"沿线国家投资流量和投资存量变化如表 5-1 所示。一方面，考察各年份的投资流量前10 国，可以洞悉投资者的实际投资流向意愿。数据显示，新加坡、俄罗斯、马来西亚、印度尼西亚、越南、柬埔寨一直稳定位居前 10，新加坡一直位居第一，深得中国投资者青睐；哈萨克斯坦、泰国、老挝、阿拉伯联合酋长国多次进入前 10，但并不稳定；土耳其、以色列、巴基斯坦、伊拉克、孟加拉国偶有进入前 10。另一方面，考察各年份地投资存量前 10 国可知，中国对外投资的投资存量大国主要是"东盟国家（东南亚地区）""俄罗斯（北亚地区）"和"巴基斯坦、哈萨克斯坦、阿拉伯联合酋长国（中南亚地区）"。新加坡、俄罗斯和印度尼西亚常年位居前三。

表 5-1　中国对"一带一路"国家投资流量和投资存量变化统计表

年份	当年投资流量前十（数量单位：亿美元）	投资存量前十（数量单位：亿美元）
2015	新加坡 104.5、俄罗斯联邦 29.6、印度尼西亚 14.5、阿拉伯联合酋长国 12.7、印度 7.1、土耳其 6.3、越南 5.6、老挝 5.2、马来西亚 4.9、柬埔寨 4.2	新加坡 319.8、俄罗斯联邦 140.2、印度尼西亚 81.3、哈萨克斯坦 51.0、老挝 48.4、阿拉伯联合酋长国 46.0、缅甸 42.6、巴基斯坦 40.4、印度 37.7、蒙古 37.6
2016	新加坡 31.7、以色列 18.4、马来西亚 18.3、印度尼西亚 14.6、俄罗斯联邦 12.9、越南 12.8、泰国 11.2、巴基斯坦 6.3、柬埔寨 6.3、哈萨克斯坦 4.9	新加坡 334.5、俄罗斯联邦 129.8、印度尼西亚 95.5、老挝 55.0、哈萨克斯坦 54.3、越南 49.8、阿拉伯联合酋长国 48.9、巴基斯坦 47.6、缅甸 46.2、泰国 45.3
2017	新加坡 63.2、哈萨克斯坦 20.7、马来西亚 17.2、印度尼西亚 16.8、俄罗斯联邦 15.5、老挝 12.2、泰国 10.6、越南 7.6、柬埔寨 7.4、巴基斯坦 6.8	新加坡 445.7、俄罗斯联邦 138.7、印度尼西亚 105.3、哈萨克斯坦 75.7、老挝 66.5、缅甸 55.2、柬埔寨 54.5、阿拉伯联合酋长国 53.7、泰国 53.6、巴基斯坦 49.7
2018	新加坡 64.1、印度尼西亚 18.6、马来西亚 16.6、老挝 12.4、越南 11.5、阿拉伯联合酋长国 10.8、柬埔寨 7.8、泰国 7.4、俄罗斯联邦 7.3、孟加拉国 5.4	新加坡 500.9、俄罗斯联邦 142.1、印度尼西亚 128.1、马来西亚 83.9、老挝 83.1、哈萨克斯坦 73.4、阿拉伯联合酋长国 64.4、柬埔寨 59.7、泰国 59.5、越南 56.1
2019	新加坡 48.3、印度尼西亚 22.2、越南 16.5、泰国 13.7、阿拉伯联合酋长国 12.1、老挝 11.5、马来西亚 11.1、伊拉克 8.9、哈萨克斯坦 7.9、柬埔寨 7.5	新加坡 526.4、印度尼西亚 151.3、俄罗斯联邦 128.0、老挝 82.5、马来西亚 79.2、阿拉伯联合酋长国 76.4、哈萨克斯坦 72.5、泰国 71.9、越南 70.7、柬埔寨 64.6

资料来源：商务部《2015 年度中国对外直接投资统计公报》，载商务部官网 https://fdi. mofcom. gov. cn/resource/pdf/2019/12/28/6106dd33a9934d1eb6b4226049e1922c. pdf，商务部《2016 年度中国对外直接投资统计公报》，载商务部官网 https://images. mofcom.gov.cn/fec/201711/20171114083528539. pdf，商务部《2017 年度中国对外直接投资统计公报》，载商务部官网 https://images. mofcom. gov. cn/hzs/201810/20181029160118046. pdf，商务部《2018 年度中国对外直接投资统计公报》，载商务部官网 http://fec. mofcom. gov. cn/article/tjsj/tjgb/201910/20191002907954. shtml，商务部《2019 年度中国对外直接投资统计公报》，载商务部官网 https://images.mofcom.gov.cn/hzs/202010/20201029172027652. pdf，商务部《2020 年度中国对外直接投资统计公报》，载商务部官网 https://images. mofcom. gov. cn/hzs/202111/20211112140104651. pdf，商务部《2021 年度中国对外直接投资统计公报》，载商务部官网 https://images. mofcom. gov.cn/fec/202211/20221118091910924. pdf，商务部《2022 年度中国对外直接投资统计公报》，载商务部官网 https://images. mofcom. gov. cn/hzs/202310/20231007152406593. pdf，访问日期 2024 年 8 月 18 日。

根据商务部官方网站提供的信息进行整理，可知 2015—2022 年我国投资者对"一带一路"沿线国家输出非金融类直接投资情况（表 5-2）。除了电力热力生产供应、交通运输、石油石化、建筑建设等传统领域外，中国与"一带一路"沿线国家的合作领域已经朝着多元化方向发展。在租赁和商务服务业、批发和零售业、科学研究和技术服务业等领域的投资规模持续增加。传统领域如石油石化，电力工程建设合作仍然主要在分布于中亚等资源丰富但缺少基础设施的国家和地区，而菲律宾、印度尼西亚等人力资本相对较低，资源稀少的东盟国家则会在服务贸易等领域占主要份额。举例而言，从 2019 年中国投资东盟的流量行业构成情况看，投资的第一目标行业是制造业 56.7 亿美元，主要流向印度尼西亚、泰国、越南、马来西亚和新加坡等人力资源丰富、人力资本相对较低的国家；第二目标是批发和零售业 22.7 亿美元，主要流向新加坡这种比较成熟的市场；租赁和商务服务业位列第三，投资额 11.9 亿美元，主要流向新加坡、老挝、印度尼西亚。

表 5-2　中国投资者对"一带一路"沿线国家输出非金融类直接投资情况统计表

年份	投资额（非金融类直接投资）	投资流向国	主要流向行业
2015	148.2 亿美元	新加坡、哈萨克斯坦、老挝、印度尼西亚、俄罗斯和泰国等国家	租赁和商务服务业，制造业，电力、热力、燃气及水的生产和供应业，批发和零售业，采矿业，其他行业等
2016	145.3 亿美元	新加坡、印度尼西亚、印度、泰国、马来西亚等国家	采矿业、制造业、租赁和商务服务业、建筑业、批发零售业、电力热力供应、农林牧渔等
2017	143.6 亿美元	新加坡、马来西亚、老挝、印度尼西亚、巴基斯坦、越南、俄罗斯、阿拉伯联合酋长国和柬埔寨等国家	租赁和商务服务业，制造业，电力、热力、燃气及水的生产和供应业，批发和零售业，采矿业，其他行业等
2018	156.4 亿美元	新加坡、老挝、越南、印度尼西亚、巴基斯坦、马来西亚、俄罗斯、柬埔寨、泰国和阿拉伯联合酋长国等国家	制造业、电力生产业、科学研究和技术服务业、批发和零售业等

（续表）

年份	投资额（非金融类直接投资）	投资流向国	主要流向行业
2019	150.4 亿美元	新加坡、越南、老挝、印度尼西亚、巴基斯坦、泰国、马来西亚、阿拉伯联合酋长国、柬埔寨和哈萨克斯坦等国家	制造业、批发和零售业、建筑业、金融业、科学研究和技术服务业、电力生产和供应业等
2020	177.9 亿美元	新加坡、印度尼西亚、越南、老挝、马来西亚、柬埔寨、泰国、阿拉伯联合酋长国、哈萨克斯坦和以色列等国家	制造业、批发和零售业、建筑业、金融业、科学研究和技术服务业、电力生产和供应业等
2021	203 亿美元	新加坡、印度尼西亚、马来西亚、越南、孟加拉国、阿拉伯联合酋长国、老挝、泰国、哈萨克斯坦和柬埔寨等国家	未公布
2022	209.7 亿美元	新加坡、印度尼西亚、马来西亚、泰国、越南、巴基斯坦、阿拉伯联合酋长国、柬埔寨、塞尔维亚和孟加拉国等国家	未公布

2023 年，"一带一路"建设迎来 10 周年。10 年来，共建"一带一路"倡议从理念化为行动，从愿景变成现实，从谋篇布局的"大写意"到精谨细腻的"工笔画"，成为深受欢迎的国际公共产品和国际合作平台。10 年来，我国与共建"一带一路"国家和地区贸易合作蓬勃发展、投资合作稳步推进、互联互通成效显著、金融合作更加紧密，实现了产业内外联动、区域协同发展，探索了制度型开放新路径，促进了国内国际两个市场两种资源联动循环和高质量发展。2023 年，我国企业在"一带一路"共建国家非金融类直接投资 2 240.9 亿元人民币，比上年（下同）增长 28.4%（折合 318 亿美元，增长 22.6%）。我国企业在"一带一路"共建国家承包工程完成营业额 9 305.2 亿元人民币，增长 9.8%（折合 1 320.5 亿美元，增长 4.8%），新签承包工程合同额 16 007.3 亿元人民币，增长 10.7%（折合 2 271.6 亿美元，增长 5.7%）。

当前，"一带一路"合作机制也更加完善。我国高度重视"一带一路"

倡议与各国发展战略的对接，依托上海合作组织、金砖国家、中国-阿拉伯国家峰会（中阿峰会）、中国-海湾阿拉伯国家合作委员会峰会（中海峰会）等区域合作机制，密切同相关国家经贸关系，扩大合作范围、丰富合作内容。截至 2022 年末，我国与大部分"一带一路"沿线国家和地区建立了经贸联（混）委会机制，与 28 个国家建立电子商务合作机制，与 32 个国家签署经认证的经营者（AEO）互认协议，与 53 个国家签署避免双重征税协定，与法国、日本、意大利等 14 个国家建立第三方市场合作机制，拓展共同发展空间。我国与 26 个国家和地区签署了 19 个自贸协定，通过不断扩大面向全球的高标准自由贸易区网络，深化经贸领域务实合作，有力促进高水平开放。[①]

再进一步看，根据《2020 年上海统计年鉴》[②]《上海市商务委员会上海对外投资合作年度发展报告》[③] 等，可得 2016—2019 年上海市的对外直接投资情况（表 5-3）：上海市对外投资规模继续领跑全国且备案项目数保持快速增长，上海"一带一路"沿线投资合作主要集中在东南亚与南亚，工业制造业这一上海优势产业与相关沿线国家需求相契合，共同推动了上海企业国际产能和装备制造在东南亚、南亚地区的进一步合作，上海服务"一带一路"的桥头堡作用持续发挥。

表 5-3　2016—2019 年上海市对外直接投资情况统计表

年　　份	2016	2017	2018	2019
投资项目（个）	1 425	608	792（"一带一路"沿线国的项目数近 200 个）	845（"一带一路"沿线国的项目数为 454）
对外直接投资中方投资额（亿美元）	366.50	110.83	168.72（"一带一路"沿线国的投资额为 46.8）	139.94（"一带一路"沿线国的投资额为 74.2）

2021 年，上海共备案非金融类对外直接投资项目 958 个，备案中方投资额 196.21 亿美元，同比增长 29.8%；对外直接投资实际汇出额 131.83

---

① 张威、祁欣：《"一带一路"经贸合作：十年回顾与展望》，《中国外汇》2023 年第 10 期。

② 上海市统计局《2020 年上海统计年鉴》，载统计局官网 https://tjj.sh.gov.cn/tjnj/nj20.htm?d1=2020tjnj/C0816.htm，访问日期 2024 年 8 月 18 日。

③ 上海市商务委：《〈上海对外投资合作年度发展报告〉（2020 年版）》，载"走出去"导航网 https://www.investgo.cn/article/yw/dfzcq/202012/514918.html，访问日期 2024 年 8 月 18 日。

亿美元，位居全国各省份第二。对外承包工程新签合同额 79.24 亿美元、对外承包工程完成营业额 103.78 亿美元，同比增长 7.32％，位居全国各省份第二。上海市对外劳务合作新签劳务人员合同工资总额 6 525.3 万美元，劳务人员实际收入总额 46 452.4 万美元。①

截至 2023 年 6 月，上海对"一带一路"沿线国家和地区投资备案额累计达 294.68 亿美元；"一带一路"沿线国家和地区来沪实际投资累计达 173.87 亿美元。2013—2023 年，上海港集装箱吞吐量连续居全球第一，上海机场共建"一带一路"沿线国家旅客吞吐量占全国总量的 1/3，货邮吞吐量占全国总量超 1/2。上海积极落实经贸合作协议，推动共建"一带一路"沿线国家企业来沪投资。上海的跨国公司地区总部、外资研发中心累计分别达到 922 家和 544 家。今后，上海将顺应全球发展新趋势新要求，打造更高质量双向投资贸易的重要通道、更高效率基础设施互联互通的重要枢纽、更高能级专业服务的重要支撑、更高层次民心相通的重要纽带、更高水平对外开放的重要平台，为共建"一带一路"作出新贡献。②

二、我国在"一带一路"沿线国家的投资风险分析

"一带一路"包括陆地一带和海上一路，沿线各国的风险不一，在进行投资时需要根据各国的风险情况进行评估。有学者剖析 21 世纪海上丝绸之路建设中的重要节点地区，认为因有关国家的政治生态不同，所面临的政治风险也不完全一样。③例如，21 世纪海上丝绸之路的港口政治化风险问题就尤为突出。④因此，有必要对"一带一路"沿线国家的风险予以详尽、全面的风险评估。⑤本书以下择重列出。

---

① 商务部：2022 年《中国对外投资合作发展报告》，第 102 页，http://fec.mofcom.gov.cn/article/tzhzcj/tzhz/upload//zgdwtzhzfzbg2020.pdf，访问日期 2024 年 4 月 20 日。

② 国家和发展改革委员会：《积极发挥地方特色亮点　深度融入共建"一带一路"大格局》，https://www.ndrc.gov.cn/wsdwhfz/202310/t20231017_1361245.html，访问日期 2024 年 4 月 20 日。

③ 杨泽伟：《21 世纪海上丝绸之路建设重要节点地区的法律问题研究》，《法学》2019 年第 8 期。

④ 邹志强、孙德刚：《港口政治化：中国参与"21 世纪海上丝绸之路"沿线港口建设的政治风险探析》，《太平洋学报》2020 年第 10 期。

⑤ 除引用学者文献外，以下各国的数据和相关信息均摘自商务部：《对外投资合作国别（地区）指南》，载商务部官网 http://fec.mofcom.gov.cn/article/gbdqzn/，访问日期 2024 年 8 月 18 日。

（一）巴基斯坦投资风险评估

巴基斯坦位于南亚次大陆西北部，南濒阿拉伯海，北枕喀喇昆仑山和喜马拉雅山，东、北、西三面分别与印度、中国、阿富汗和伊朗接壤。巴基斯坦是与中国山水相连的好邻居、好伙伴、好朋友、好兄弟，是我国"全天候战略合作伙伴"，也是"一带一路"重要支点国家，中巴经济走廊更是高质量共建"一带一路"的示范性工程。

1. 政治风险

第一，恐怖主义风险仍存在。巴基斯坦处于国际反恐前沿，被列为世界上遭受恐怖主义袭击最严重的国家之一。巴基斯坦恐怖组织与宗教势力、地方分裂势力、国际恐怖势力、犯罪团伙等矛盾交织。根据巴基斯坦财政部公布的数据显示，在 2011—2014 年期间，恐怖袭击造成的经济损失超过 280 亿美元，安全局势是制约未来投资发展的决定性因素之一。目前仅活跃于俾路支省的重要恐怖组织就有数十个，包括俾路支解放军（Baloch Liberation Army）、俾路支共和军（Baloch Republican Army）、俾路支民族阵线（Baloch National Movement/Front）、民族党（National Party）、俾路支斯坦民族党（Balochistan National Party）、俾路支学生组织（Baloch Student Organization）以及真主旅（Jun-Dallah）和圣贤军（Sipha-e-Sahaba）等。2020 年 1 月，巴基斯坦智库和平研究所发布 2019 年巴基斯坦安全报告，称 2019 年巴基斯坦境内共发生 229 起恐怖袭击事件，与 2018 年相比下降 13％；导致 357 人死亡，并造成 729 人受伤。巴基斯坦塔利班（TTP）和俾路支斯坦解放军（BLA）是主要恐袭参与者，分别进行了 82 起和 27 起恐袭。

虽然近年来巴基斯坦反恐行动取得较大进展，在一定程度上遏制了恐怖势力在巴基斯坦的活动，但恐怖主义、极端主义并未被根除。随着我国在巴基斯坦项目和人员的不断增多，安全风险将更加突出，部分组织针对中国在巴项目和公民的迹象开始显现，并相继发生了针对中国公民和在巴项目人员的绑架、枪击以及路边炸弹袭击等事件。2013 年 6 月

23 日，巴基斯坦塔利班组织和极端武装"真主旅"发动的恐怖袭击致使中国游客在巴遇险；2018 年 11 月，中国驻卡拉奇总领事馆曾遭遇恐怖袭击事件。

第二，货币汇兑和资本转移的风险较低。巴基斯坦中央银行已许可中国银行巴基斯坦分行在巴设立人民币结算、清算系统，以加强在中巴贸易和外汇流动中使用人民币结算的便利性。因此，中国投资者在对巴基斯坦进行投资时对于巴基斯坦本地货币的需求大为减少，货币汇兑和转出可能面临的风险大幅度减少。此外，即使中国投资者兑换了巴基斯坦货币，巴基斯坦对于外国人携带外汇现金和旅行支票出入境没有任何限制，允许外国投资者将全部资本、资本所得、红利和利润汇出，仅对上述款项的汇出征收 10％的代扣税。

第三，政治变革风险较低，但政策变动风险尚不明确，需要谨慎预防。巴基斯坦实行联邦制，联邦政府是最高行政机关。联邦内阁由总理、部长和国务部长组成，各部委由常务秘书主持日常工作。省政府受联邦政府领导，但宪法规定实行省自治。宪法规定由中央和省政府官员组成共同利益委员会和全国经济委员会协调联邦与省区以及省区之间的关系。巴基斯坦实行多党制，主要政党有：正义运动党、穆斯林联盟（谢里夫派）、人民党、穆斯林联盟（领袖派）、统一民族运动党、人民民族党、伊斯兰促进会、伊斯兰神学者协会等。

第四，征用风险。"走廊"项目除了需要警惕巴印之间持续的对抗和不定期的冲突，位于沿海地区的部分"走廊"电力项目可能面临紧急情况下军方征用卸煤码头等风险。①

第五，外部干预频繁，巴基斯坦内部省份利益竞争显著。一方面，印度对"中巴经济走廊"的态度最具敌意和挑衅意味。早在中国的"一带一

---

① 肖欣、王哲、张慧帅：《"中巴经济走廊"电力投资项目运营风险评估》，《国际经济合作》2020 年第 6 期。

路"倡议提出之初，印度提出"北部走廊"倡议进行对冲，还提出"季风计划"反制中国的 21 世纪海上丝绸之路建设。①另一方面，巴中央政府对地方控制力薄弱、中央政府与地方政府之间经济利益纠纷可能阻碍中国投资者投资目标的实现。

2. 经济风险

目前，虽然"中巴经济走廊"建设部分改善了能源供给和交通基础设施状况，但巴基斯坦工业基础薄弱、基础设施落后、出口乏力、公共债务压力沉重、投资和外资流入规模不足等经济痼疾未见根本改观，通货膨胀问题日益严重，加上洪灾、地震、蝗灾等自然灾害尤其是 2020 年以来新冠疫情冲击影响，巴基斯坦中短期经济增长面临一些阻力。

第一，巴基斯坦的宏观经济复苏乏力。据巴基斯坦财政部分析，过去十几年，由于长期结构性问题，巴经济遇到了巨大的挑战，能源短缺、安全不靖、投资环境不佳以及持续的财政和经常账户赤字阻碍了经济增长。从 2009—2013 财年，巴经济增长始终徘徊在 3% 以内。2013 年，谢里夫政府上台后，在"中巴经济走廊"及结构性改革带动下，巴经济逐渐趋稳，并呈现持续较快增长态势。2018 年 8 月，伊姆兰·汗政府上台后，经济通胀上升，三大产业发展不及预期，巴经济在经历持续较快增长后急速回落，2018—2019 财年经济增长率降至 3.3%，2019—2020 财年受新冠疫情影响，巴经济陷入衰退，国际金融组织预计巴经济增速将降至负 1.3%。2021—2022 财年，巴基斯坦国民经济维持疫情后复苏势头，农业、工业和服务业产出均实现大幅增长，GDP 增速达到 5.97%。但经济增长模式难以跳出"消费驱动"的既有路径，高增速伴随着进口激增、经常账户赤字扩大，并导致外汇储备锐减，卢比汇率贬值；加上美联储加息、乌克兰危机、国际通胀以及特大洪水严重冲击等因素影响，导致进口受限、出口乏力、外部流动性紧张、通胀高企。2022—2023 财年，巴基斯坦 GDP 增速

_____

① 谢贵平：《"中巴经济走廊"建设及其跨境非传统安全治理》，《南洋问题研究》2016 年第 3 期。

跌至 0.29%。

第二，巴基斯坦的债务水平较高，通货膨胀率攀升且居高不下，有关偿债能力的信用评级展望虽为稳定，但分数评级不高。首先，截至 2018—2019 财年年末，巴基斯坦政府债务占 GDP 比例达到 76%，其中内债占 65.2%、外债占 34.8%，如果加上巴基斯坦企业债务，巴基斯坦总体债务水平达到 40.2 万亿卢比，占 GDP 的 104.3%。巴基斯坦的债务水平很高，已经超过 100% 的比例。其次，2018—2019 财年，巴基斯坦平均通胀率为 7.3%，较 2017—2018 财年 3.9% 有所攀升，全年敏感物价指数（SPI）和批发价格指数（WPI）分别为 7.8% 和 2%。再次，在主权信用评级上，截至 2018 年 6 月 20 日，国际评级机构穆迪对巴基斯坦主权信用评级为 B3，展望为负面；2019 年 6 月 14 日，国际评级机构惠誉（Fitch）对巴基斯坦主权信用评级为 B－，展望为稳定；2020 年 1 月 16 日，国际评级机构惠誉将巴基斯坦主权信用评级维持在 B－级，展望为稳定。最后，2023 年 7 月，巴基斯坦政府争取到了包括中国、阿联酋在内的多个友好国家贷款支持，同时经过多轮艰苦谈判，争取到了国际货币基金组织（IMF）的 11 亿美元贷款。

第三，外汇市场动荡，汇率损失风险极高。由于国际金融市场动荡、市场避险情绪上升，巴基斯坦外国投资者加速撤离当地投资市场，给巴基斯坦外汇市场带来强烈冲击。2020 年 3 月以来，巴基斯坦国库券和投资债券累计抛售额超过 16 亿美元。外汇储备不断下降，根据 2020 年 4 月 24 日巴基斯坦国家银行（SBP）发布数据显示，巴基斯坦外汇储备已降至 108.99 亿美元。卢比也停止了 2020 财年以来的升值态势，再度进入下行区间。据统计，巴基斯坦卢比在 2020 年比 2015 年贬值 60%，将导致项目还贷成本增加，实际收益减少，严重侵蚀投资收益甚至制约还本付息和生存。近来，美元兑巴基斯坦卢比汇率已开始企稳，这与巴政府近期实行的多项政策有关，包括改革外汇监管政策、采取严厉措施遏制美元非法外流等。

第四，巴基斯坦基础设施建设总体相对滞后，制约其经济发展，导致海外投资者对巴基斯坦投资需要付出较大的运输成本，预期投资回报不稳定性上升。根据 2018 年世界银行物流绩效指数（LPI），在参与排名的全球 160 个国家和地区中，巴基斯坦基础设施排名 122 位，位居南亚国家倒数第二位（排名仅高于不丹）。巴基斯坦发展经济研究所的研究报告显示，物流瓶颈导致巴工业品生产成本增加 30％，由基础设施效率不足造成的经济损失可达 GDP 的 4％—6％，这也成为巴基斯坦营商环境的重要影响因素之一。巴基斯坦用于基础设施领域建设的公共领域发展项目（PSDP）资金严重不足，对外国援助和贷款的依赖度提高，一些规划中的基建项目开工和建设进度滞后。2013 年以来，在"中巴经济走廊"大型基础设施项目带动下，巴基斯坦能源、交通基础设施等基建领域情况有所改善。

3. 社会风险

第一，在社会治安方面，巴基斯坦大城市的社会治安状况总体尚可，伊斯兰堡和拉合尔治安较好，而卡拉奇治安形势较为复杂。2015 年以来，巴政府在卡拉奇进行大规模治安整治，取得一定成效。巴基斯坦严禁非法持有枪支，但民间非法持有枪支现象较严重。根据巴基斯坦内政部的统计数据显示，2019 年，巴基斯坦共发生谋杀案件 8 153 起，绑架案件 20 256 起，抢劫案件 18 239 起，偷盗案件 16 124 起。近年来，巴基斯坦也曾发生针对中国公民和中资企业的刑事案件和恐怖袭击。

第二，在自然环境方面，巴基斯坦地形地貌复杂，自然灾害频发，主要有洪水、地震、泥石流、旱灾等。巴基斯坦印度河流域曾发生历史罕见的特大洪灾，造成重大人员伤亡和巨额财产损失。夏季巴基斯坦境内登革热、疟疾等传染病易流行。因此，在巴基斯坦投资合作的企业和人员应重视并做好安全和卫生防范工作。

4. 文化风险

在文化风险方面，宗教因素带来的文化风险尤为突出。在巴基斯坦境内共有 246 个有宗教背景的政治团体和军事组织，这些团体和组织根据它们各自对教法的解读来对政治、经济、社会、文化活动进行管理。例如，瓜达尔港的建设本质上是为了以港口运输激活全国市场，增加巴基斯坦的投资吸引力，但其经济效应与宗教团体所倡导的伊斯兰传统主义文化相矛盾。中国企业到巴基斯坦投资，必然面临文化差异、宗教影响等问题：在企业内部，两国员工因为价值观、宗教信仰等差异，往往会出现员工关系不和谐、沟通不顺畅、团队合作氛围不融洽等问题，进而导致企业内部管理混乱，降低了企业整体的运营效率，增加了运营成本。①

（二）东盟地区投资风险评估

截至 2022 年底，中国与东盟累计双向投资总额 3 096 亿美元。双方加强"一带一路"倡议与《东盟互联互通总体规划 2025》的战略对接，提升互联互通水平。双方创新合作方式，共同推进和建成了一批铁路、公路、港口、机场、桥梁、电网等基础设施项目。值得一提的是，《区域全面经济伙伴关系协定》（RCEP）于 2022 年 1 月 1 日如期生效实施，并自 2023 年 6 月 2 日起对全部成员生效，标志着全球最大的自贸区进入全面实施新阶段。2022 年 11 月，双方共同宣布启动中国-东盟自贸区 3.0 版升级谈判，将涵盖货物贸易、投资、数字经济和绿色经济等领域，打造更加包容、现代、全面和互利的中国-东盟自贸区。

1. 政治风险

有学者专门针对 2007—2016 年间的 55 个风险案例进行实证分析。他们认为，中国投资者在东盟地区遭遇政治风险案例的比例为 36.92%，居各类风险最高，这可能与东盟各国近年政治动荡较多有关。②一方面，近年来东南亚一些国家"资源民族主义"思潮兴起易导致政府违约风险、征收风险、外汇管制风险、政策变动风险发生的概率大幅度抬升。另一方面，东盟地区的地缘政治战略意义重大，牵扯周边国家和西方发达国家的利益，中国投资者的项目往往受到第三国干预。以表 5-4 对风险案例进行简明列举：

---

① 董晔、师心琪：《基于地缘位势理论的中国对巴基斯坦投资对策研究》，《世界地理研究》2020 年第 4 期。

② 太平、李娇：《中国企业对东盟国家直接投资风险评估》，《对外经济贸易大学学报》2018 年第 1 期。

表 5-4 东盟投资政治风险示例

风险原因	事 件
战争与内乱风险	(1) 政局动荡：2010 年，紫金矿业集团股份有限公司收购菲律宾坦班坎特大型金铜矿，受菲律宾政局影响，合作项目被宣告无期限延迟。2014 年，泰国反独裁民主联合阵线同泰国政府发生冲突，陷入对抗局势，政治动荡导致长城汽车在泰国打造汽车生产基地的项目无限期推迟。同年，中国移动通信集团收购泰国企业 True Corp 出现困难，中泰"高铁换大米"计划被搁置。此外，因缅甸政局的不稳定及民族冲突等矛盾，"中缅莱比塘铜矿项目"及"中缅太平江水电站项目"都被迫停工过，皎漂—昆明铁路项目计划也遭到取消 (2) 恐怖主义袭击：印度尼西亚西部及泰国南部三府北大年府、也拉府和那拉提瓦府经常发生恐怖活动，外资企业成为恐怖袭击的主要受害者①
东道国政府干预行为	(1) 2008 年，中兴通讯股份有限公司同菲律宾政府签署了一份意向性国家宽带网项目。该项目被指价格过高，有行受嫌疑，且涉及阿罗约总统，迫于政治压力和复杂情势，该项目宣布无期限延迟 (2) 2011 年，中国 C.P 集团收购越南 C.P 公司 70.82％的股权，被当地政府定性为恶性收购，从中阻挠，使投资进程一波三折
东道国政府征收	2012 年 3 月，印度尼西亚政府颁布规定：外国的矿业公司在获得采矿经营权 10 年后，其持股比例不得超过 49％，印度尼西亚政府通过获得更多的股权，维护其国家利益②
东道国政府政策变动	(1) 2005 年，吉利汽车控股有限公司与马来西亚的 IGC 集团签订合作协议，约定双方将在马来西亚制造、组装和出口吉利汽车。马来西亚政府为保障本国汽车工业的利益，出台政策使得吉利汽车在该国生产的所有成品只有 20％能在当地销售，使得该公司蒙受极大的投资利益损失 (2) 2010 年，中国投资有限公司参与印度尼西亚的煤炭开发，因煤炭开发政策不稳定而失败 (3) 2014 年，印度尼西亚政府实施颇具争议的矿石出口禁令，要求原矿石必须在本地进行冶炼或精炼后方可出口，严重影响了矿产投资企业在印度尼西亚的收益③ (4) 2015 年，中国石油化工集团公司同印度尼西亚政府进行油气开发合作的项目，因政府有关能源政策不稳定，导致难以排除政策风险

---

① 黄河、陈美芳：《中国企业在泰国直接投资现状及政治风险研究》，《地方财政研究》2015 年第 11 期。

② 张冰晔：《我国"一带一路"沿线大型项目投资风险——东南亚地区的证据》，《对外经贸实务》2020 年第 3 期。

③ 廖萌：《21 世纪海上丝绸之路背景下中国企业投资印尼研究》，《亚太经济》2018 年第 1 期。

（续表）

风险原因	事　　件
东道国政府违约	因东道国政局动荡、政权更迭交替、政党轮替，新政府以各种理由直接或间接地不履行上一任政府所签订的合同。东南亚国家的政党轮替具有较明显的频繁和无序的特点，存在着较大的政党轮替风险① (1) 2016 年 10 月，中国企业与马来西亚前纳吉布政府签订的"东海岸铁路建设项目"。后因马来西亚新政府总理马哈蒂尔以有损国家利益为由，违约终止② (2) 2009 年 12 月开工"密松水电站"项目，2011 年 9 月缅甸单方面宣布暂停该项目③
第三国干预	2015 年中国交通建设集团股份有限公司修建高铁项目，因中日高铁之争，中方高铁方案被印度尼西亚政府拒绝

2. 经济风险

第一，经济基础设施发展程度不一，部分国家较为滞后。近年来，东南亚各国在基础设施方面投入了很大的人力物力财力，但一些国家由于经济基础薄弱，基础设施建设还相对滞后，如：菲律宾的公路、铁路、港口和机场等都急需升级或扩容；泰国铁路均为窄轨，铁路系统相对较为落后；印度尼西亚的交通、供水、电力、通信以及其他生产、生活配套设施都比较落后；等等。④

第二，东盟内部各国在汇率浮动和通货膨胀水平上参差不齐。一方面，部分东盟国家的汇率调整起伏很大，易造成投资者的经济损失。举例而言，2018 年越南盾和菲律宾比索受美元走强和本国经济结构调整的影响，开始呈现贬值趋势，快速贬值的背后意味着地区经济发展不平衡和国家对本国经济调控能力弱。另一方面，由于全球石油价格上涨、美联储加息、国内需求过剩等一系列因素，菲律宾和马来西亚的通货膨胀率逐年升

---

① 弓联兵、王晓青：《"一带一路"沿线东南亚国家的政党轮替风险及中国应对》，《当代世界与社会主义》2018 年第 5 期。

② 蒋德翠、曾丽蓓：《中国-东盟自贸区投资保险制度探究》，《财会月刊》2019 年第 18 期。

③ 张万洪、张玲：《论我国境外投资权利救济路径的选择——基于"密松项目"的个案研究》，《上海对外经贸大学学报》2016 年第 3 期。

④ 王湘蓉、李富：《"一带一路"下中国零售业对东南亚跨境投资战略研究》，《国际经济研究》2019 年第 7 期。

高，2018 年分别达到 4.3％和 1.3％，燃料价格上涨推动运输成本的提高，进而导致食品价格进一步走高，因此两国的食品通货膨胀率分别高达 5.9％和 3％。高通胀率意味着东盟国家的货币政策不能很好地调控国内物价走势，经济结构失调，消费者信心指数预期走低，中国投资方的需求市场不稳定性增加。①2022 年，东盟 10 国通货膨胀率继续走高，在 3％—23％，其中老挝通胀率高达 23％、缅甸 8.8％、新加坡 6.1％、菲律宾 5.8％、柬埔寨 5.3％。

3. 社会风险

中国投资者到东盟地区进行投资，曾经因环境问题受到当地民众的排斥，如表 5-5 所示：

表 5-5　东盟投资社会风险示例

年份	事　件
2006	居民抗议"中国—柬埔寨合作大坝"项目会带来环境污染，迫使首相下令暂停建造大坝
2011	缅甸"密松大坝水电站"项目，因民众担忧环境问题而抵触，以及克钦邦纷繁复杂的帮派势力博弈而停摆
2013	缅甸"莱比塘铜矿"项目，因民众抵触而修改合同
2014	缅甸"皎漂—昆明铁路"项目，因民众组织反对运动和抗议活动，项目计划被取消
2014	台塑河静钢厂和投建越南电力项目，因越南民众反华示威和民众暴乱，中资企业遭受打砸抢，投资利益严重受损

其中，密松大坝水电站项目搁置的原因不在于政府抵制，而在于民意反抗。根据缅甸内务部公布的一项民调显示，90％的受访民众因为环保、社会经济或文化的原因反对密松项目。缅甸民众广泛的反密松情绪并不能通过投资人与政府的沟通得到有效缓解。此外，密松项目所在的克钦邦，长期以来是克钦独立军的控制范围。日本就曾经因为克钦地区错综复杂的民族问题放弃了密松大坝的开发计划。缅甸国内民族问题圆满解决之前，

---

① 王贞力、林建宇：《国际金融风险因素与中国对东盟直接投资的区位选择》，《南京审计大学学报》2019 年第 1 期。

密松项目的投建缺乏一个稳定的国内环境的支撑。①

此外，受民主化浪潮影响，东南亚工人组织罢工运动的热情极高，尤其印度尼西亚等国工人在近几年来罢工潮不断，由此造成的经济损失比提高的劳动力成本还要大。②

4. 文化风险

东盟地区的文化环境极其复杂。首先，东南亚是世界上民族最多元的地区之一，民族众多，语言多样。据资料显示③，缅甸有 135 个民族，泰国有 30 多个民族，越南有 54 个民族，老挝境内有 49 个民族，柬埔寨有 20 多个民族，马来西亚有 30 多个民族，印度尼西亚有 100 多个民族。其次，东盟各国语言种类繁多，官方及常用语言存在多语种并存现象。例如，印度尼西亚有 200 多种民族语言，官方语言为印度尼西亚语；缅甸有 100 多种民族语言，官方语言缅语及英语，其中主要的民族语言包括缅甸、克钦、克耶、克伦、钦、孟、若开、掸等民族的语言。最后，在宗教方面，泰国、缅甸、老挝和柬埔寨以佛教为主；马来西亚、文莱和印度尼西亚主要信奉伊斯兰教，其中印度尼西亚是世界上拥有穆斯林人口最多的国家；菲律宾信仰天主教。

由于民族文化、语言文化、宗教习俗文化等方面不同而产生的文化差异，可能导致中国投资者出现各种不适应或违反当地风俗习惯的行为，往往会对其投资活动产生不同的影响。有学者经实证分析得出结论：中国与东南亚地区的东道国间的文化距离与中国对外直接投资存在显著负相关关系，因此，有必要加强国际文化合作与互动交流，实现民心相通。④

---

① 张万洪、张玲：《论我国境外投资权利救济路径的选择——基于"密松项目"的个案研究》，《上海对外经贸大学学报》2016 年第 3 期。

② 谢琳灿：《我国对东南亚投资的现状与风险防控》，《宏观经济管理》2016 年第 1 期。

③ 商务部：《对外投资合作国别（地区）指南》，载商务部官网 http://fec.mofcom.gov.cn/article/gbdqzn/，访问日期 2024 年 8 月 18 日。

④ 陈元清：《多维度非经济距离对中国对外直接投资影响分析——基于中国在东南亚与南亚地区直接投资数据》，《天津师范大学学报（哲学社会科学版）》2020 年第 4 期。

（三）中亚五国投资风险分析

中亚五国包括哈萨克斯坦、乌兹别克斯坦、吉尔吉斯斯坦、塔吉克斯坦、土库曼斯坦。中国同中亚五国务实合作取得丰硕成果，实现共建"一带一路"合作文件、中长期经贸合作规划"全覆盖"。截至 2022 年底，中国对中亚五国直接投资存量近 150 亿美元。共同实施了一批油气采矿、加工制造、互联互通、数字科技等领域合作项目。未来中亚国家与中国进一步深化合作，共同推动跨里海国际运输走廊、中吉乌铁路等交通运输项目建设，扩大在电子商务、农业科技、新能源产业及其他高科技领域的合作，将助推地区经济持续稳定增长。

1. 政治风险

第一，在政治稳定性风险方面，哈萨克斯坦、土库曼斯坦、乌兹别克斯坦、塔吉克斯坦的政治局势一直保持稳定，反对党派势力弱于执政党派，难挑战执政党派的权威。但是，吉尔吉斯斯坦执政联盟不断出现波动，2018 年以来，该国新老总统斗争日益加剧，2019 年老总统被抓入狱。2020 年 10 月，吉尔吉斯斯坦举行议会大选，党派之间政治博弈加剧，民众对选举结果不满，首都比什凯克爆发大规模骚乱，政治风险加大。

第二，在征收风险方面，哈萨克斯坦和塔吉克斯坦征收风险较低；吉尔吉斯斯坦和乌兹别克斯坦的态度趋于务实、开放，加强对私有财产的保护，征收风险逐渐降低。例如，乌兹别克斯坦《保护私有财产和私有者权利法》于 2012 年生效，又是多边投资担保机构（MIGA）的成员国，还和中国签订了双边投资协定。土库曼斯坦国有化和征收风险相对较高，国内法和国际法层面都未有明确开放规定。

第三，在政府歧视性干预风险方面，土库曼斯坦的政治经济体制高度集权，市场机制不发达，政府部门经常对外资企业或涉外合作项目进行行政干预和检查，对企业正常生产经营活动形成干扰；乌兹别克斯坦的计划经济色彩浓厚，在经济生活中较大程度上仍保持行政干预手段；塔吉克斯坦政府近年来财政紧张，海关、税务等部门存在对外资企业和承包工程企业不合理征税和罚款现象，造成企业经营成本增加，一定程度上影响企业日常生产活动。

第四，在汇兑限制风险方面，在 2014 年大宗商品持续走低，中亚各国汇率持续贬值的大背景下，各国政府通过汇兑限制措施以维护本国外汇储备与币值稳定，使得企业投资面临较高风险。

2. 经济风险

哈萨克斯坦 2020 年 1—3 月的经济活跃度持续下滑，固定资产投资增速下降，本币坚戈贬值幅度超过 17%，银行不良贷款率持续上升。据哈萨克斯坦国民经济部发布数据，哈萨克斯坦中央财政一季度减收 3 780 亿坚戈（约合 8.6 亿美元），预计地方财政全年减收 2 300 亿坚戈（约合 5.2 亿美元）。哈政府将 2020 年经济增速下调至－0.9%，哈萨克斯坦中央银行预计全年 GDP 降幅可能达到 1.3%。随着哈萨克斯坦经济下行风险上升，本币汇率大幅贬值，中国企业对哈萨克斯坦投资积极性将受挫。

土库曼斯坦经济形势给投资合作带来负面影响。2020 年 5 月 6 日，土库曼斯坦总统别尔德穆哈梅多夫在内阁会议上指出，新冠疫情带来的全球经济形势异常仍将持续，土库曼斯坦虽成功应对了全球经济下行给交通运输、商品交付、旅游休闲、货币兑换和资金流动等造成的影响，但预计土库曼斯坦国内生产将出现下降。国际市场原油价格急剧下跌，土库曼斯坦当前面临的经济形势可能比 2008 年全球金融危机和 2014 年油价下跌时期更为严峻。受此影响，中国投资者在洽谈投资合作项目上可能因土融资困难、缺乏资金而无法启动，中国投资者在对土库曼斯坦注入资本前应明确预估可能遭受的经济风险。

乌兹别克斯坦、吉尔吉斯斯坦的经济风险较低。乌兹别克斯坦近年来的宏观经济呈良好发展态势，汇率和外债方面也表现稳定，风险较低。吉尔吉斯斯坦的经济也保持稳定增长态势，2022 年 GDP 增长 7%，国内通货膨胀率为 13.9%，表现稳定良好。

塔吉克斯坦与经济活动有关的设施薄弱，如塔吉克斯坦银行系统薄弱，容易引发倒闭风险；贷款利率较高导致融资成本增高；本币索莫尼对国际汇率变化反应敏感，特别是 2020 年以来，受新冠疫情影响，索莫尼贬值趋势明显，存在汇率风险。中国投资者在对塔吉克斯坦进行投资时，需特别注意资金流转安全问题。

3. 社会风险

第一，哈萨克斯坦和乌兹别克斯坦的社会风险总体较低。哈萨克斯坦整体社会治安水平相对稳定。随着哈萨克斯坦民族主义情绪有所抬头，非法宗教极端组织活动有所活跃，但哈萨克斯坦近几年的犯罪率和暴力犯罪案件逐步下降。此外，哈萨克斯坦政府宣布境内包括"哈里发战士"、基地组织、塔利班等 14 个组织为恐怖组织，但由于政府对暴恐事件打击力度较大，恐怖主义对社会稳定的影响不大。乌兹别克斯坦的社会治安总体较好，国内安全形势可控。中亚地区恐怖主义在 20 世纪 90 年代曾猖獗一时，但是乌兹别克斯坦政府坚决打击恐怖主义，上海合作组织反恐中心就设在乌兹别克斯坦首都塔什干。由于治理措施及时得当，目前乌兹别克斯坦国内安全形势整体可控。

第二，土库曼斯坦、吉尔吉斯斯坦、塔吉克斯坦的恐怖主义风险较大。首先，土库曼斯坦的边境地区恐怖主义威胁严重。自 2014 年年底，北约从阿富汗撤军以来，中亚地区安全局势出现真空，阿土边境地区经常遭到塔利班的武装袭击，恐怖主义风险不容忽视。中国投资者在毗邻边境的地区进行投资，需考虑到恐怖主义风险。其次，吉尔吉斯斯坦是恐怖主义的重灾区，不同程度遭受"三股势力"的威胁，2016 年 8 月，中国驻吉尔吉斯斯坦大使馆遭受汽车炸弹恐怖袭击。此外，吉尔吉斯斯坦每年均会发生数起针对中资企业和个体商户的刑事案件，最多一年曾有 22 名中国人被害，2018 年、2019 年连续出现我国企业遭受地方不法分子冲击事件，对企业正常经营造成不良影响。最后，自联合国维和部队从阿富汗撤军后，增加了塔吉克斯坦发生极端事件的风险，恐怖主义渗透已受到政府及邻国高度重视。2017 年，塔吉克斯坦境内发生恐怖分子袭击杀害西方游客事件；2019 年，塔吉克斯坦境内再次发生武装人员袭击边防哨所事件，反恐安全风险不容忽视。

第五节　公平公正待遇条款修改建议

公平公正待遇条款能在一定程度上降低投资者在东道国遭受潜在不平等待遇的风险，无疑成为保护中国投资者权利的重要法律武器，因此，有必要完善双边投资协定中的公平公正待遇条款。"一带一路"沿线的中东欧国家在 ICSID 中被提起仲裁的理由主要是"征收以及征收补偿的公平公正待遇"，例如 Telenor 诉匈牙利案。①再例如，在密松水电站案中，缅甸政府的喊停行为违反了公平公正待遇的"不歧视"和"合理期待"，中国投资者有权主张该条款弥补风险带来的损失。②

横向比较中外 BIT 的公平公正待遇条款后可以发现，中国并未形成统一的公平公正待遇条款范本。其中，数量排名前二的条款模式为"与其他待遇条款相结合式"和"概括式"。采取这些条款模式的 BIT 或是没有在条文中对公平公正待遇标准附加任何限制，或是仅仅将该条款与国民待遇、最惠国待遇等模糊的待遇标准相联系。只有少数 BIT 采取明确列举式或与国际法相结合的公平公正待遇条款模式，对公平公正待遇作出进一步的限制。但即便是采取这两类条款模式的 BIT，也存在公平公正待遇内涵不够明确的情况。例如，在将公平公正待遇等同于习惯国际法最低待遇标准的 3 个 BIT 中，仅有《中国—墨西哥 BIT》（2008 年）在其条约中列明了习惯国际法的构成要件要求；再如，将公平公正待遇与一般法律原则相结合的《中国—刚果 BIT》（2011 年）和《中国—乍得 BIT》（2010 年）均未在条款中进一步明确一般法律原则的具体范围，将概念解释问题留给了

---

① 黄志瑾、张万洪：《"一带一路"投资中的条约救济风险——基于中东欧国家的实证研究》，《上海对外经贸大学学报》2018 年第 4 期。

② 张万洪、张玲：《论我国境外投资权利救济路径的选择——基于"密松项目"的个案研究》，《上海对外经贸大学学报》2016 年第 3 期。

投资争端中的仲裁庭。

纵向对比中外 BIT 的公平公正待遇条款后可以发现，中国在不同时间段内所主要采取的公平公正待遇条款模式不同。在 2000 年以前，中国所缔结 BIT 中的公平公正待遇条款内容较为简单，将公平公正待遇与其他待遇标准相结合的 BIT 数量最多。同时，此类 BIT 几乎采取完全一致的公平公正待遇条款，将公平公正待遇与最惠国待遇相联系。在 2001—2010 年期间，中国新缔结的 BIT 中将公平公正待遇与其他待遇相结合的条约数量有所下降，开始出现将公平公正待遇与国际法、习惯国际法最低待遇标准相结合的条约。进入 2010 年后，FET 条款成为中国缔结 BIT 时所必须采纳的条款，明确列举公平公正待遇要素或是将其与国际法、习惯国际法最低待遇标准相结合的 BIT 数量比例开始升高。

总体而言，我国投资协定中公平公正待遇条款现状有以下特征：（1）公平公正待遇条款规定差异较大，要么与最惠国待遇或国民待遇、要么与国际最低待遇等原则挂钩，表述过于原则化。（2）公平公正待遇条款术语使用不一致，存在"公平合理""公平公正""公平平等"等表述，且表述过于原则，缺乏具体可操作性内容。（3）我国近几年签订的 BIT 中公平公正待遇内容仅禁止司法不公和歧视，并未承认公平公正待遇包含保护投资者合理期待和透明度义务，也并未提及正当程序要求的行政行为正当合理要求。①

我国应提高对公平公正待遇的重视，而不是仅在 BITs 序言或正文中笼统地加以表述。笔者注意到，自"一带一路"倡议提出以来，共建"一带一路"倡议以"政策沟通、设施联通、贸易畅通、资金融通、民心相通"为主要内容扎实推进，取得明显成效，参与各国得到了实实在在的好处，对共建"一带一路"的认同感和参与度不断增强。2013—2022 年累计对共建国家的直接投资超过了 2 400 亿美元。可见，中国与"一带一路"沿线国家的投资合作日益紧密，那么正确理解 BITs 中的公平公正待遇条款，

---

① 姬云香：《"一带一路"视域下公平公正待遇条款的修订对策》，《甘肃政法学院学报》2018 年第 1 期。

并且科学合理地设计这一条款，有利于在我国"走出去"和"引进来"过程中实现投资者和东道国权益保护的平衡。

鉴于以上分析，笔者提出了修改条款的思路，即采用封闭式列举并且设置兜底条款的方式设计我国的公平公正待遇条款范式，并建议将公平公正待遇条款设计如下：

第 N 条：

1.任一缔约方位于另一缔约方领土内的投资者的投资及与投资相关的活动应被给予公平公正待遇；

2.进一步明确：

（1）公平公正待遇包括：保护合理期待、不得拒绝司法、非专断与非歧视待遇、透明度要求、提供稳定和可预见的法律框架以及免受东道国的胁迫和骚扰；

（2）缔约方应定期或应一缔约方请求讨论公平公正待遇的义务内容。

笔者认为，在设置或完善公平公正待遇条款时，应当充分考虑公平公正待遇的独立自主性，不仅要将公平公正待遇与国际最低待遇标准、国民待遇、最惠国待遇等标准系统地区别开来，而且宜根据现有国际投资仲裁实践对公平公正待遇的具体内容予以明确，在封闭式列举的同时保留条款内容调整权，既能避免因条款规定过于抽象带来的公平公正待遇适用上的不一致性和不确定性，也能更好地平衡投资者与东道国的利益，满足我国吸引外资和保护本国海外投资的现实需要。

图书在版编目(CIP)数据

中外 BIT 中公平公正待遇条款改革路径研究 / 林燕萍,
朱玥著. -- 上海 : 上海人民出版社, 2024. -- (国际法
与涉外法治文库). -- ISBN 978-7-208-19224-9

Ⅰ. D996

中国国家版本馆 CIP 数据核字第 2024EU7512 号

责任编辑 罗俊华
封面设计 谢定莹

国际法与涉外法治文库

中外 BIT 中公平公正待遇条款改革路径研究

林燕萍　朱玥　著

出　　版　上海人民出版社
　　　　　（201101　上海市闵行区号景路 159 弄 C 座）
发　　行　上海人民出版社发行中心
印　　刷　上海商务联西印刷有限公司
开　　本　720×1000　1/16
印　　张　12.5
插　　页　2
字　　数　166,000
版　　次　2024 年 11 月第 1 版
印　　次　2024 年 11 月第 1 次印刷
ISBN 978-7-208-19224-9/D·4420
定　　价　65.00 元

国际法与涉外法治文库